日本のカルマを背負った男

「笹目秀和」と二人の神仙

宮崎貞行
Miyazaki Sadayuki

この大神業がなければ
今の日本も世界も無かった！

ヒカルランド

徳仁皇太子（当時）と笹目秀和師
東京奥多摩の大岳山荘にて

ラーゲリに　帰国の知らせ　待つ春の
早蕨《さわらび》は　羊歯《しだ》に　なりてすぎしと

（上皇后美智子さま・昭和五十三年ご詠歌）

もくじ

第一章　いざ、満州旅行へ
——リョ・リンライ神仙に招かれて

第二章　三千年前の因縁を知る

――白頭山（天池）とクマン・ミタン

第三章　モンゴルの独立のために

――シュロ仙人を訪ねてコンロン山へ向かう

第四章　太陽と月の精気を食《は》む

――シュロ仙人から授かった秘儀と「天地公事」

第五章　極寒のシベリアで
——太陽の精気をのみ込んで生き抜く

第六章　光は東方より
――先天の炁と神人不二のおしえ

カバーデザイン　重原隆
カバーイラスト　hiro/PIXTA
校正　麦秋アートセンター
本文仮名書体　文麗仮名（キャップス）

第一章

いざ、満州旅行へ

——リョ・リンライ神仙に招かれて

峠の茶屋にたどりつく

にわかに一陣の風が吹きぬけた――。

切り立った岩場の先端が、深い霧の中から姿を現した。見えてきた岩山は、しっとりと霧にぬれ黒光りしている。岩場の下のほうから、甲高い声が湧いてきた。

「待ってくださあい」

「早すぎますよう。サーヤさま」

あえぎながら、ごつごつした岩山を這いあがってきたのは、大柄な男女二人だった。白い軍手が薄霧を通してぼんやりと浮かんできた。

急峻な岩場の頂上には、赤い登山帽をかぶった若い女性が座って待ち受けていた。遠目にもよく目立つ黄色のアノラックの上に重そうなリュックを背負っている。

「サーヤさま」と呼ばれたその女性は、おだやかな笑みを浮かべて言った。

「意外に遅いですねえ。みなさん健脚と聞いていたのに」

「こう霧が深くては、かないませんよ」

「それにしても、内親王さまは身軽ですね」

あとから登ってきた二人の男女は、皇宮警察のお付きの護衛官であった。登山の好きな内親王、沙彩《さあや》さまに、いつも付きそっている従者である。天皇家の長女の沙彩さまが外出するときは、武道にすぐれた男女二人の護衛がつくことになっている。

この日、十九歳になる内親王の沙彩さまと二人の護衛官は朝早く都心の御所を離れ、秋の山々を縦走しようと奥多摩にやってきた。行事の多い皇居にいると気が晴れないので、内親王はなるべく暇を見つけて山を歩くことにしている。山の中までは、こうるさい侍従や女官たちもついてこないのだ。

奥多摩の岩場は、昔から修験の行場であった。中腹には蔵王権現をまつる御岳《みたけ》神社があり、その周りには行者たちの泊まる宿坊も並んでいる。

行者たちは、日々けわしい山道を駆けぬけ、凍《い》てつく滝場で禊《みそぎ》をくりかえして験力《げんりき》を磨いていた。村の人々に求められると、雨乞いの祈願をしたり、加持祈禱《かじきとう》で病人を助けたりしていた。

深い山中には、天狗が住みついているといわれ、「天狗岩」、「天狗の腰かけ杉」と呼ばれるものも残っている。山道を歩いていると、突然、杉の小枝がポキッと折れて落ちてくることがあるが、それは天狗のいたずらと恐れられていた。

修行の好きだった行者が、死んだ後も霊体として高い杉の上で苦行を続けているのが天狗の正体ではないかという人もいる。もし天狗と出あうことができたなら、堅苦しい侍従に会うよりもはるかにおもしろいはずとお茶目な沙彩さまは思っていた。

三人は、急峻な岩山を峰伝いにゆっくり歩き始めた。やっと一人が抜けられるほどの狭い道幅しかない。霧がときどき立ちこめ足元を隠してしまうので、岩場の鉄鎖をつかみ用心しながら辿《たど》っていく。しばらく進むと眼下にうっすらと関東平野が見えてきた。住宅の密集する市街地の向こうに、太平洋の蒼《あお》い海原が横たわっている。

登山靴の歩みを止めると、あたりは物音ひとつしない。都会の喧騒や海の潮騒《しおさい》も、そして宮中の騒音もここまでは届かない。三人はしばらく眼下の光景に見とれていた。

「おやっ、あれは何だ」

男の護衛官がピッケルを右手の山の中腹に指し向けながら言った。剣道五段の強者《つわもの》で、剣道の突きのような恰好である。

見ると、色づき始めた遠くのヤマモミジの下に、一条の白い煙が立ちのぼっているではないか。あきらかに霧ではないから、山火事の煙だとすると大変なことになる。二人の護衛官は、サーヤさまを真ん中に挟んで歩みを速めた。

三十分ほど歩きようやく近づいてみると、それは古びた茅葺《かやぶき》屋根から立ち昇る煙だった。軒下に突きでた茶色い煙突からもくもくと吐き出されている。

「ああ、煙突の煙だったか。峠の茶屋が燃えてなくてよかった」

ちょうど喉が渇いていたので、一服させてもらおうと思い、玄関の重い板戸を引き開けた。

朱色のシャクナゲ茶

第一章　いざ、満州旅行へ
──リョ・リンライ神仙に招かれて

「ようこそ、お待ちしていましたよ」

上がり框《かまち》の奥のほうから、いきなり胴に響く渋い声が聞こえてきた。

「どうぞ、おあがりください。ご遠慮なく」

八畳ほどの板間に掘った囲炉裏《いろり》のそばに、白ひげの老人が安座していた。

薄暗い天井の火棚《ひだな》から伸びた自在鉤《かぎ》に、赤銅色の鉄瓶がぶらさがっている。

吹き上げる湯気に、鉄瓶のふたがチリチリと共鳴している。


三人は、湿った登山靴を土間に脱ぎ、リュックを肩からおろし、囲炉裏のまわりに座った。周りを見渡すと、老人の背後に古びた食器棚があり、その上に硯《すずり》と紙が置かれているばかりだ。棚のわきに旧式の柱時計があり、振り子の動きが時を刻んでいる。

土間の隅には一基のかまどがあって、薪が盛んに燃えている。先ほどの白い煙は、このかまどから出ていたのだ。鍋でサツマイモをふかしているらしく、甘ったるい匂いが鼻をついた。

「まあ一杯、お茶を召しあがれ。お疲れでしょう。サーヤさま」

老人は、若い女性が第一皇女ということをすでに見抜いていた。内親王の端正なお顔は、写真で広く知られていて、この山奥の老人も覚えていたようだ。ぴたりと寄りそっているお付きの者の態度からも、それは疑いようがなかった。

紺の作務衣を着込んだ老人は、鉄瓶をはずしてお湯を注ごうとした。いつのまにか、沙彩さまと護衛官のまえに白いお茶碗が用意されている。透きとおった朱色をしたお湯が瓶口から注がれた。

普通の緑茶ではないが、口をつけてみると味は悪くない。少し渋みがあるが、香りはなく、さらりと喉にしみこむ感じだ。

「これは、珍しいお茶ですね。何ですか」

いつも真っ先に毒味をする女性護衛官の山本が尋ねた。

「ああ、これはシャクナゲのお茶だよ。この山に自生するシャクナゲの葉を陰干しにしたものだ。シャクナゲは、血液をサラサラにし、血管を強くしてくれる。動脈硬化の予防にと毎日飲んでいるんだよ。透明なルビーの色をしているだろう。おなかに高価なルビーが入ったと思うことだね。はっは」

小柄な老人は、小さな口を開けて笑った。歯並びのよい白い歯が現れた。肌も、小児のように柔らかく、桃色に染まっている。背丈は、内親王よりも低そうだ。頭はほとんど禿げており、物腰はやわらかだが、眼光はするどく底光りしている。

不思議に思って名前を伺うと、笹目秀和《ささめしゅうわ》と名のった。本名は、恒雄《つねお》という。

「エッ、噂の奥多摩の仙人ですか。天を舞うといわれているあの笹目仙人ですか。めったに会えないという」

男性護衛官の河野が驚いていった。

「まあ、そういうことにしておこうかな。わしにとっては、まったく関係のないことじゃがの。それよりもまずお茶を一服めしあがれ」

お茶を注ぐ器用な手さばきに感心した河野が尋ねた。

「お元気そうですが、笹目先生はおいくつですか」

「ああ、八十四歳になるな。いまは細々と山小屋をやっているが、学生のころは皆さんと同じで山々を踏破するのが好きだった。どこからともなく現れて、どこへともなく去っていくので風の笹目と呼ばれておった。戦前は満州や蒙古の山々も駆け巡ったことがある。そして大東亜戦争に巻き込まれ、シベリアにも抑留されていたんだ」

戦争と聞いて、沙彩さまが身を乗り出した。

戦後世代の沙彩さまは、先の大戦のことを

笹目秀和翁

ほとんど知らなかった。歴史の本でおおよその事情は理解していたが、生身のつらい体験をした人からじかに話を聞いたことはなかった。日本史上最大規模の戦争の模様が、その時代を生きた人から学べるのかと、興味の眼《まなこ》を見開いた。

ときどき御所を抜けでて山登りすると、途中で出会う人たちからいろいろな生《なま》の体験談をうかがうことができるのである。

「先の戦争では、兵士として戦っていらっしゃったのですか」

「いいや、わしは軍人ではなかったが、満州で十万頭の羊を飼っていてね、モンゴルの独立運動にたずさわっていたんだ。そのとき運悪くソ連軍に捕まり、シベリアにスパイ容疑で十一年間抑留されることになった。シベリアの強制収容所から帰国して、今年で三十年になる。いま思い返すと波乱万丈の人生だったが、それも一場の夢のようなものだったなあ」

「ほう、あの極寒のシベリアで十一年もご苦労されたとは。ぜひ、その苦しかった体験談を聞かせていただけませんか。できれば、お若いころの話も交えて」

護衛官河野が、佐々老人に懇願した。

「うん、長い話になるが、初めから語ることにしようか。まずは、わしの人生を変えたある神仙との出会いから話すことにしよう。聞いてくれるかい?」

満州旅行で道士に出あう

それは、大正十三年の夏のことだった。

中央大学法学部四年の学生、笹目恒雄は、最後の夏休みを利用して大陸に旅行した。そのころ大陸には、豊富な鉱物資源と食糧があり、日本の生命線として満州を確保しようと、野心家の日本人たちが移住していた。

満蒙の一帯を日本の影響下に置こうという動きは、明治の末からあった。川島浪速《なにわ》ら意気盛んな大陸浪人たちが満蒙を清朝から切り離し、日本の支配下に置こうと画策したことがあり、これに特務機関や武器商人らが協力していたが、成功していなかった。

当時の大陸浪人たちは、ある書物を熱心に読んでいた。文政六年に江戸時代の思想家、佐藤信淵《のぶひろ》が書いた『宇内混同秘策』である。そこには、満州を日本が支配し、満州を拠点として南のシナを攻略する戦略が描かれていた。それを実現することが大陸浪人たちの果てしない夢であった。

笹目青年は、その満蒙の状況を観察してみようと軽い気持ちで出発した。ついでに満州のシャーマン（霊媒）たちにも会えれば、儲けものと思っていた。大陸のシャーマニズム（神がかり信仰）につ

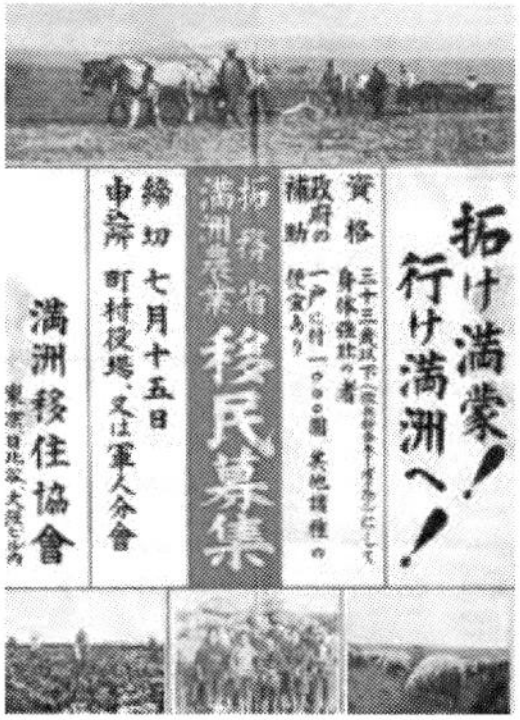

満蒙開拓団の募集

いて研究していたからである。

旅費は、茨城にいる資産家の祖父が出してくれた。笹目は、幼いときに両親を亡くしたので、祖父母が代わりに彼を育ててくれた。実業家の祖父、八郎右衛門は、茨城で一、二を争う高額納税者であった。

前年の大正十二年九月に、関東大震災が起き、東京は焼け野原であったから勉学どころではなかった。震災のない大陸の模様を見学して英気を養おうと考えた。釜山から上陸し、鉄路を利用して大連に行き、さらに満州の中心地、奉天（現在の瀋陽）に渡ろうとした。

当時は、社会全体に若い者を育ててやろうという気風があったので、故郷の先輩を訪ねていけば喜んで泊めてくれ、食事の面倒もみてくれたものだった。それを期待して笹目は、物見遊山の気持ちで学生服のまま大陸に渡った。

大連から奉天に向かう列車のなか、三等車に乗り堅い木の椅子にひとり腰かけていると、向かい合わせに異様な風体をした人物が座ってきた。

僧侶のようなうすい墨染の長衣を着ているが、頭は剃っていない。艶《つや》のよい黒髪をきりりと結び、髷《まげ》のように頭の上にとめている。細い目と四角いあごは、意思の強さをうかがわせている。

年のころは四十過ぎに見えた。異装の人物は、学生服姿の笹目を日本人とみてとったのか、親しげに話しかけてきた。たどたどしいが、いちおう日本語になっている。


「学生さんは東京から来ただね」

「ええ、そうですが」

「奉天まで行くの予定だね。次に向かうのは長春だね」

突然見知らぬ男から、たどたどしい日本語で話しかけられ、しかもずばりと当てられて気味が悪くなった。男は遠慮なく続けた。

「私は、満州の白頭山に住むリョ・リンライ（呂霊棘）神仙の使いのもの。

あなたが大連に来るというので、仙師の命を受けてここまで迎えに来たある」

「えっ、何ですと。この私を迎えにきたと？　あなたは何者ですか」

驚いた笹目は、すっとんきょうな声をあげた。男はかまわずつづけた。

「私は、リョ・リンライ仙師に仕えて白頭山で修行している道士で、ライ（頼）と申すもの。リョ神仙は、世の中の動きが手に取るようにわかる人。遠くにいる人の動きや考えもすぐ見抜く。半月ほどまえのこと、老師は、東京から一人の青年が大連に来ようとしている。この青年に将来のことを指導せねばならないから、お前、大連駅まで迎えに行けと命ぜられた」

「ははあ、それはいかにも無謀な。この夏休みに大連に来る青年は、何百人といますよ。そのなかで、どうしてお目当ての青年が私であるとわかるのですか」

「その青年のへその下一寸のところに黒いアザがあると、老師はいわれた。

私は、大連駅のベンチに腰かけてずっと乗りかえる乗客の透視をつづけた。
それであなたとわかったわけある」

それを聞いた笹目は、腰を抜かさんばかりに驚いた。

たしかに、へその下に大きいアザが一つある。亡くなったおふくろは、妊娠中におたふく風邪にかかり、風邪薬を多量に飲んだので、そのせいに違いない、すまないね、とよく謝っていたことを思い出した。でも、普段は衣服で隠れるので、まったく気にしていなかった。

「へその下にあるのは、重要な意味がある。いつも、丹田に意識を集中するようにという天の計らいだよ」と、男は断言した。

丹田というのは、呼吸法で大事とされる臍下《せいか》のツボである。正確には、下丹田といい、頭頂から吸い込んだ息をここでしばらく止め、練りこむのが健康の秘訣とされる。

以前、鎌倉の禅寺に泊まり込んだことのある笹目は、和尚がしきりと「丹田に息を吸い込み、丹田から息を吐くように、このとき肛門は軽く締めておくように」と指導していたことを思い出した。なるほど、へその下の丸いアザには、意識を集中させるという意味があったのか、と妙に納得した。

鶴船の術とは

「では、リョ・リンライ老師のいる山に来てくれるね。冬は凍りつくほど冷たいが、今は、夏だからそれほど寒くない。涼しくて、気持ちよいくらいだ」

「その仙人についてもう少し詳しく話してくれませんか。それで興味が湧けば、別に決まった約束はないので、山に参りますが…」

「老師は、今年二百七歳になる。白頭山の頂上近くにある天池という湖のほとりの巨大な洞窟に弟子たちと住んでいる。満州では知らぬ人のいない存在で、満州王といわれている張作霖も一目置く人物だよ。そういえば一昨年《おととし》、こんな事件があったな」

と言って男が話しはじめた説明は驚くものだった。

張作霖は、満州に勢力を伸ばそうとする支那、ソ連、米国、日本の動きに頭を痛め、どう対処していけばよいか、リョ老師を招いて指示を仰ごうとした。

リョ神仙はその招きを受け入れ、弟子になる三人の道士をつれて張作霖《ちょうさくりん》の城までやってきた。最高の客間に迎え入れられた神仙は、山海の珍味でもてなしを受け一夜を明かした。

ところが、翌日の朝、張作霖がさあこれから話をうかがおうと客間に入ったところ、仙人の姿が見当たらない。三人の道士に聞いても知らないという。

そこで城内はもちろん、城外にも「リョ神仙の姿を見たら知らせよ」とい

う お触れを出して探し回った。しかし、三日たっても行方がわからない。やむなく再び三人の道士を呼び出して尋ねると、おそるおそるこう言った。

「仙師はもうとっくに山に帰っておられるようです」

満州王の張作霖

張作霖はあきらめきれず、部下に貢物を持たせて三人の道士を道案内に白頭山まで行かせることにした。部下たちが汽車に乗り、馬車と馬を乗りつないで三日かけてやっと到着したとき、リョ神仙は高い岩の上に座って笑いながら長いあごひげをしごいていたという。ずっと前に帰っていたのである。

使者たちは不思議に思った。リョ神仙はそれまで一人で汽車にも馬車にも乗ったことがないはずだ。だいいちお金というものを一切持ったことがない。どうやって、あの狼も出没する長く険しい道のりを一人で帰っていったのか

――。

「その謎はまだ解けていないんだよ」

笹目老人が、白いあごひげをしごきながら、下界の東京からやってきた三人の客人に向かって言った。にこやかに笑っている笹目老人が急にリョ・リンライ仙人とダブって見えてきた。

「皆さんは、どう思う？　どうやって仙人は、白頭山まで無事に帰れたのか。狼や豹に食われないで」

「そうですね、すぐれたヨガの行者は、幽体離脱して遠方に行き、そこで再び肉体を現すということですから、リョ仙人も幽体離脱していたのではないでしょうか」

こう答えたのは、日ごろからヨガの修行をしている女性護衛官の山本であった。

「うーん、そうかもしれないね。現地では、おそらく仙人の使う乗り物、巨大な鶴の形をした鶴船に乗って帰ったのではないかともっぱらの噂だったね」

と笹目老人が言った。

男性護衛官の河野が負けじと口を開いた。

「こう考えてはどうですか。幽体離脱したとき、その幽体を保護する巨大な膜のようなものができる。ふわふわしたシャボン玉のような膜ですね。その膜が鶴のように羽を広げたり、縮めたりするので、まるで鶴船のように見えると」

「おもしろい解釈だね。大和言葉では、鶴船は天の鳥船と呼んでいるね。太古のスメラミコトは、天の鳥船に乗って世界を巡行し視察していたということが竹内文書などに書かれているね」

「そうでしたか。太古の天皇はすごい超能力を持っていたんですね。で、その鶴船の大きさはどれくらいでしたか」

内親王のサーヤさまが、びっくりした表情で尋ねた。

「後で説明するが、私もコンロン山で鶴船に乗せてもらったことがある。大きさは、小型のヘリコプター程度のものだった。それを肉眼で見たのか、それとも霊眼で見たのか判然としないが、ともかく巨大な鶴の形をしていたね。その体験談は後回しにして、とりあえず、先を急ごうかな」

白頭山に向けて出発

不思議な超能力を持ったリョ神仙がわざわざ使いの道士を寄こして笹目を呼んでいるという。道士の話は本当なのだろうか、興味を惹かれた笹目は尋ねてみた。

「神仙は私に将来のことを指導したいと仰せですが、そのほか私について何かおっしゃっていましたか」

「その青年の名は、クマン・ミタン、漢字で書くと熊埜御堂だといわれた」

「いや、私の名前は、笹目恒雄ですから、お探しの人物とは違うのではないですか」

しかし、道士は少しも動じなかった。

「はっはっ、それは今生での名前だよ。あなたの額の印堂には、はっきりと熊埜御堂と記されている。たぶん、蒙古平原を駆け巡っていた前世のころの名前だろうね」


印堂というのは、鍼灸学で眉と眉のあいだの部分をさす。第三の眼とも称され、印堂の明るさで聡明さがわかるというが、前世の話を持ち出されると反論のしようがない。

くわしく聞いてみると、笹目の行動はすべてお見通しであった。いつ門司港を出て、いつ大連に着いたか知っていた。大連には一週間いて、清朝を復活させるために働いていた川島浪速氏に面会したこと、日露戦争のおり満州馬賊を率いてロシア軍の後方をかく乱した辺見勇彦《たけひこ》氏から手柄話を聞いたことも知っていた。


道士は、日本語はそれほどうまいわけではなかったから、ときどき筆談を交えての気長い会話となった。

「それでは、白頭山に来てくれるかい？　一か月も滞在してくれというのではないよ」

心惹かれる申し出であったが、すぐおいそれと承諾するには突飛な話であった。奉天では知人に会う予定なので、「知人とよく相談してから決めたい」と言った。

「ごもっとも。しばらく奉天で過ごされたあと、長春にお立ちになると思うから、その列車内でお目にかかろうか。そのときに返事を聞かせてくれればよいよ」

奉天に何日滞在し、いつ長春に行くか決めていないので、「それでは出発の日時を決めておこうか」と言うと、道士は「その必要はない」と答えた。「学生さんの都合のいい日時に列車に乗ってくれればよい。私は必ずそれに乗っているから」

道士が笹目のあとをずっと尾行するとなれば気持ちが悪いが、尾行するわけではあるまいと思った。リョ神仙の弟子だから、相当の透視力を持っているようだ。こうなったら万事、彼に任せようと思い、三時間余り満州のよもやま話を聞いて、道士とは奉天駅で別れた。

奉天は日露戦争で有名になった場所である。大山巌総司令官と児玉源太郎総参謀長が率いる日本軍二十四万人がクロパトキン将軍のロシア軍を攻略し、ついに奉天城を占領した最後の決戦場であった。

そこに満鉄公所があり、張作霖政権と折衝する窓口となっていた。当時、張作霖軍閥は、満州の行政権を握っていたので、日本政府が勢力を伸ばすためには無視できない存在であった。

満鉄公所の所長をしていたのが、古仁所《こにしょ》豊という人で、実業家をしていた祖父、八郎右衛門の親しい友人であった。祖父母を良く知っていた古仁所所長は、親切に面倒を見てくれた。所長は、日中は公用の馬車を貸し出してくれ、おかげで日露戦争

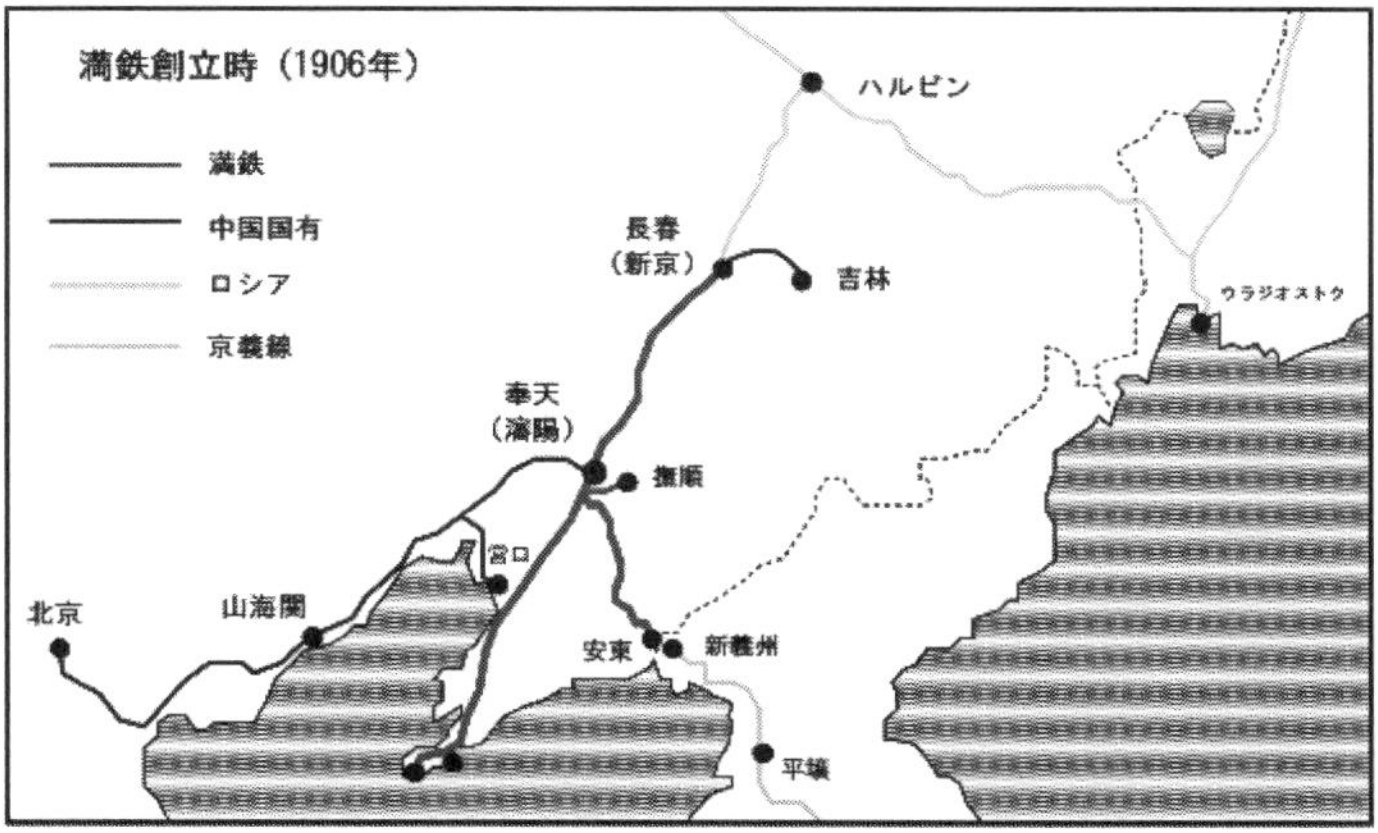

奉天（瀋陽）と長春（新京）

の旧跡をじっくり見て回ることができた。

夕食は、奉天城内の中華料理の名店でごちそうになった。酔いが回るにつれて話が弾み、列車で会った道士の不思議な話をついしてしまった。


むろん、古仁所所長は、リョ・リンライ神仙の名前を承知していた。

「満州では、超有名人だからね。一昨年は、仙人が張作霖を翻弄した話で持ちきりだったよ。空を飛ぶ超能力の持ち主だそうだね」

リョ神仙に会ったものかどうか、相談を持ち掛けると、所長はあっさり応えた。

「それは面白いじゃないか。二度とない機会だよ。ぜひ行ってきたまえ。帰ってきたら詳しい模様を聞かせてくれないか」


いよいよ出発の朝が来た。所長は馬車で奉天駅まで送ってくれたが、着いてみると道士がすでに待ち構えていた。やはり印堂にあるという第三の眼で到着を霊視していたのであろう。所長は、親切にもお昼の弁当といくばくかの餞別を渡してくれ、駅で別れることになった。

南満州鉄道の最北端の駅である長春に着いたのは、その日の午後四時であった。ひとまず、道士たちの利用する粗末な宿に泊まった。服屋を呼び、現地住民の着る厚い綿入れの上下を買って、学生服を脱ぎ変えた。

夕食を済ませたあと、気になっていたことを道士に尋ねた。

「リョ仙師への手みやげは、なにがよいでしょうか」

「老師には物はいらないよ。持っている服は一着だけ、食べるものも木の実だけ。呑むのも、松の葉を煎じたお茶だ。老師の好物は、松の実をすりつぶしたものに干した山ぶどうを加えたものだから、薬草園で松の実を買っていかれるのがよいと思うな」

「仙師のお弟子さんは、いま何人くらいいますか」

「頂上近くの洞窟には、私含め九人。そして里に住んで修行しているものが三百六十人ほどいる。ときどき場所を交代するがね」

「そうすると、食事の用意だけでも大変ですね。お弟子さんへのおみやげを買っていきたいと思いますが、何がよいでしょうか」

「弟子たちも、老仙と同じ生活をしているから、正直言って何もいらないよ」


「そうですか。さっきから不思議に思っていたのですが、ライ道士さんは山では松の実を食《は》む生活をしながら、下界におりるとわれわれ俗人と同じものを食べておられる。それで、体がおかしくなりませんか」

「いい質問だね。簡単に言えば、山では山の霞を食って生きる術がある。下界に降りれば、食べ物などの毒気を消す術があるのだよ。もっとも、それを習得するには三十年の修行を要する。それを経ないと、自在に雲上、雲下をかけめぐることはできない」

「そりゃ、大変。私は、とても三十年も修行できません。夏休みに来ただけですから、偉大な老師にお目にかかれるだけで結構です。ところで、ライ道士は、おいくつになられますか。四十歳くらいに見えますが」

「そうかね、ありがとう。修行で鍛えているから若く見えるのかな。私は今年で五十三歳になるよ」

第二章

三千年前の因縁を知る

——白頭山（天池）とクマン・ミタン

地球の鼻のあなを掃除する

車中でこんなやり取りをしていたが、やがて、二人の話は、リョ仙人が張作霖の宮殿をひそかに抜け出たという事件に及んだ。笹目青年は質問した。

「不思議に思うのは、張作霖は礼を尽くして助言を乞うたのに、どうして仙師は山に帰ってしまわれたのでしょうか。時の権力者に的確な助言を与えることで、世の中を良い方向に持って行くことも可能だと思うのですが…」

「教えても、実行するかどうかという問題だろうな。直接、理由をお聞きしたわけではないが、仙師としては実行されない助言をするくらいなら、逃げたほうがましということになったのではないかな」

リョ仙師は、先々を見通す力があるから、張作霖の将来も的確に見通していたのではないかという。もちろん、将来は完全に決定しているわけではなく、人の意思と行為によって変わることがあるから、張作霖の意思をぎりぎり見極めようとされて招待に応じたのであろう。

仙師の非常に厳しい助言を実行する意欲がわずかばかりでもあるかと、望みをつないで来訪したが、会った瞬間に一厘の可能性もないとわかり、山に逃げ帰られたのであろうと道士は言った。

「なるほどそういうことでしたか。もう一つわからないのは、では、お金を持たない仙師がどうやって山に帰られたのかということです。雲隠れの術でも使われたのでしょうかね」

こう尋ねると道士は声をあげて笑った。

「秘中の秘の術があるようだね。昔からの言い伝えに、鶴仙を呼んで乗っていくという方法があると聞いてるよ」

「はあ、それで瞬間移動できるのですか」

「それはわけないこと。老師は、意識を集中すると体を消すことができる。一度、見たことがあるが、体がだんだん白い靄《もや》のようになってぼやけていく。衣服も髪の毛もぼんやり輪郭が失せていく。五分くらいたつと、その靄もすっかり消えてしまい、跡形がなくなる。そして、まったく別の遠方に姿を現して人々をびっくりさせる。これを『鶴仙の術』ともいう。まるで、一瞬のうちに白い鶴に化けて遠方に行ったようにみえるからネ」

「ほんとですか。にわかに信じられませんが」

「なに、君も老師に会ってみれば、そのすごさがわかると思うよ」


「ライ先生のお話を聞けば聞くほど、ますますわからなくなってきました。老師は一切、世人と交わらないそうですが、何を目的に洞窟で孤独な生活をつづけているのでしょう。二百年もの間、白頭山でどんな仕事をしておられるのでしょうか」

それは笹目が知りたかった最大の疑問であった。笹目の遠慮のない単刀直入の質問に、道士は顔色を変えず答えた。

「笹目さん、周りを見てごらん。我々は口と手をしきりに動かして食べているが、偉大な天と地は、ゆったりと呼吸している。その呼吸が乱れると、戦争が起こったり、地震、津波が起こったりする。そこで、老師は、天地の神々の命によってその呼吸が乱れないよう、山の上で調整役をやっているのだよ。地球の鼻の穴が詰まらないよう掃除しているといってもよい。山の上で精妙な天の気を吸っていつも体内をととのえ、感度をあげておれば、地球と星々の乱れをつかむことができるからね」

「というと、仙師は世界の隅々の動きまでご存じなのですね」

「そのとおり。一匹の蟻が踏みつぶされたことまでわかっておられる。過去、未来の動きまでお見通しだ。われわれが、こんな話をしていることも、一週間後に山頂に着くこともわかっているはず」

道士の説明によると、地球にはいくつかのポイントがあり、そこに棲《す》んでいる神仙たちが受け持った土地の呼吸を調整しているのだという。ヒマラヤや富士山などもいわば地球の鼻の孔であって、鼻がつまらないように担当の神仙が掃除をしているという。そういった神仙は、人の前世、現世、来世までも見通す力を持っている。下界での人々の動きから蟻や蜂の動きに至るまですべて知っているという。

神仙たちは、地場の呼吸を調整して、天変地異が起こらないように努めている。しかし、人々の行いによって地場が乱されると、呼吸調整もむずかしくなり、災害や疫病が発生すると道士は説明した——。

ここまで話し終えると、笹目老人は、シャクナゲのお茶を一口飲んでサーヤさまに向かって言った。

「どうですか。地球の鼻が詰まらないようにと掃除をするということがわかりますか。皇居も実は、大事な鼻の一つで、天皇陛下は毎日、日本という地場の呼吸を調整するために賢所でお祀りをされているのですよ」

「はあ、そういう深い意味があったのですか。宮内庁のどなたもそんなことを教えてくれませんでした。そうすると、霊力の乏しい天皇の時は、災害が起こりやすいということになりますかね」

「でもね、国民が天皇のお祀りの意味を忘れ、国民一人一人も力を合わせて祈ることを忘れると、どんな立派な天皇でも及ばないんだね。人々が大自然のありがたみを忘れ、わが身を先にして、やれ人権だの、自由だのと叫ぶ世の中になると、日本列島の波動がおかしくなる。それを気づかせるために、ときどき大地震を起こしたり、疫病をはやらせたりするんだよ」

それを聞いていた女性護衛官の山本がうなずいて言った。山本は、空手の三段でクンダリニー・ヨガを実習している。

「以前、ヨガの先生から地球にもチャクラというツボがあると聞いたことがあります。皇居や御岳山もそのチャクラの一つなのでしょうね。そして笹目先生も、この御岳山の洞窟にこもって、祓い浄めの意念を天界に送っておられるのでしょう」

「うん、わかってくれたようだね。その目的でこの山にこもっているのだがね」と笹目老人が答えた。


つづけて、剣道五段の河野がおもむろに口を開けた。

「本当にご苦労様です。私も毎朝、鹿島神流のやり方で真剣をふるって、天地の八方の祓い浄めをやっていますが、まだまだ力が及びません。力をつけるための良い方法があれば、教えていただけませんか」

「それは若いころのワシも知りたかったことだね。リョ神仙にその方法の一つを教えてもらったから、おいおい語ることにしようか」

馬賊は出稼ぎの仕事

ライ道士と笹目は、長春の安宿を出てオンボロトラックの荷台に乗りこみ、夜中の十二時半に盤石《ばんせき》という場所に着いた。実に十五時間の強行軍だった。翌朝からは馬に乗りかえて四日間の旅となった。起伏の激しい山を越え、川の浅瀬を見つけては渡ることを繰り返した。

途中、一か所温泉小屋があり、自噴している温泉に入って疲れをいやすと、倒れ伏すように眠ってしまった。小屋には仲間の道士たちが住んでおり、病人が来ると入浴させたり、薬草を与えたり人生相談に乗ったりする。そのわずかな謝礼で温泉小屋を維持しているという。

小屋で休んだあと、行きかう人もいない山道を進んでいったが、馬賊の類にまったく遭遇しないことにふと気づいた。満鉄の人があれだけ恐れていた馬賊に遭わないのである。現地の農民たちは、きわめて善良で、旅の二人をただで泊めてくれ食事をふるまってくれた。笹目青年は尋ねてみた。

「このあたりは馬賊が出没すると聞いていたのですが、みんな善良な人ばかりですね」

「いやあ、実はみんな馬賊なんだよ。泊めてくれた農家の人たちは、収穫が終わり仕事のない冬になると、徒党を組んで馬賊になる。金持ちの家を襲ったり、旅人の追いはぎをしたりすることなど朝飯前さ」

「でも、どうして我々にはあんなに親切にしてくれたのでしょう」

「この私がついている限り、大丈夫だよ。満州の住民は、多かれ少なかれ仙師の恩恵を受けているから、その弟子の道士を襲うことはありえないよ」

「住民も事の善し悪しはわかっているはずなのに、なぜ略奪をやめないのですか」

「貧しいからだね。貧富の差があまりにも大きい。富めるものは優雅な生活をしているのに、この辺境に住む農民たちは、粟飯に塩を振りかけて食べている。馬賊は、彼らにとってやめられない出稼ぎの仕事なんだな」

ライ道士は天を仰いで嘆息した。

目的地の撫松《ぶしょう》に着いたのは、翌日の午前十一時であった。百戸ばかりの小さな村で、村の中に「長白薬草園」という看板を掲げた広い家があった。その家が白頭山と下界をむすぶ連絡基地の役目をしていた。道士が二人いて、ふだんは薬草を調合して販売したり、食糧を山に運びあげたりしているが、ときどき仙師を訪ねてくる人の世話もしていた。

「山頂に行くと、窮屈な洞窟での雑居生活になるから、ここで充分英気を養っておくといいよ」

二日間ここでゆっくり休養し、白頭山に登るのは明後日だという。白頭山

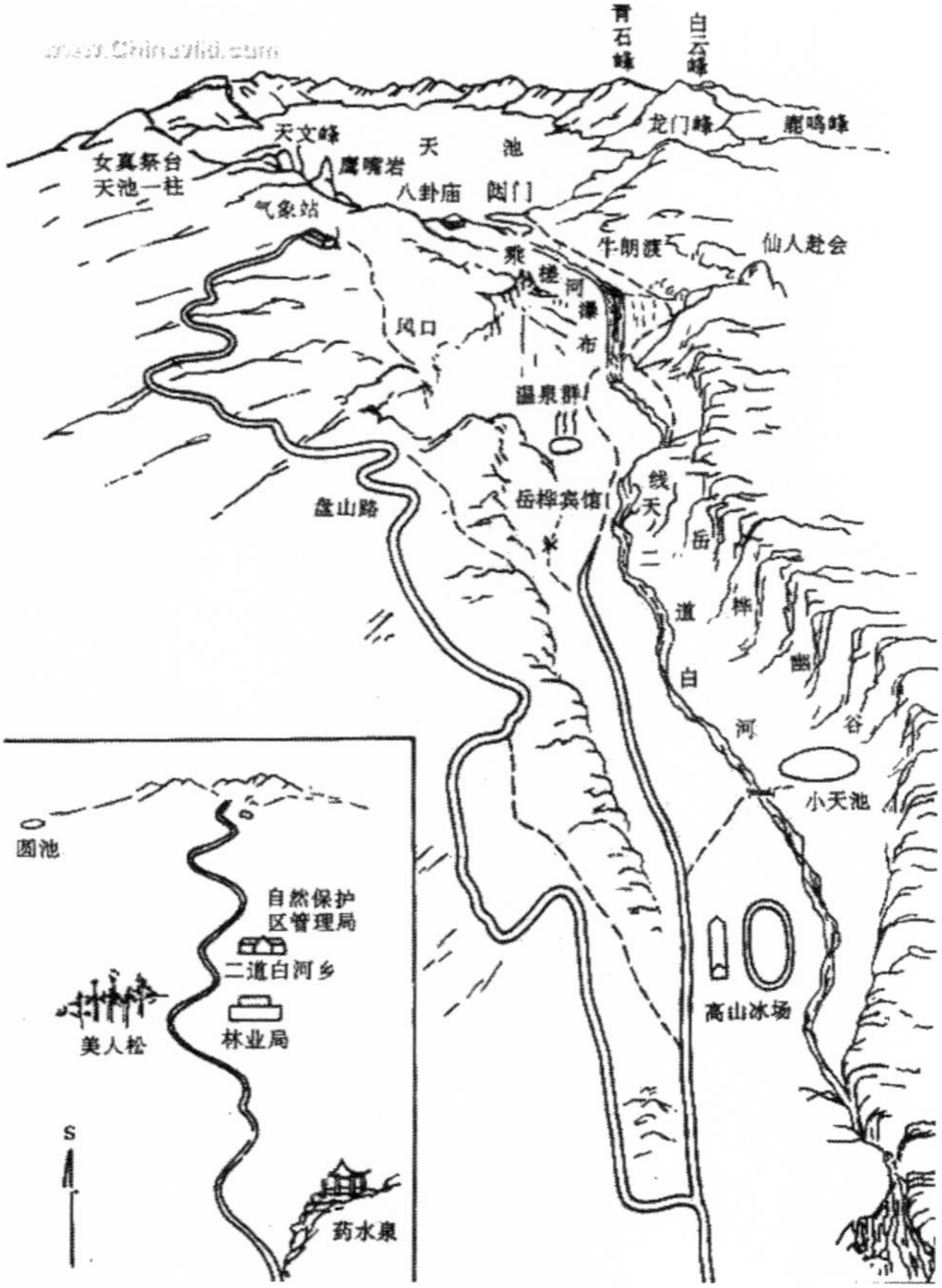

白頭山への長い道、頂上に天池

は、長白山とも呼ばれ、朝鮮民族の祖である檀君《だんくん》が降臨した山として崇められている。

食事はなかなか手の込んだ薬膳だった。紅花と豆腐の前菜に、キクラゲの揚げ物、シイタケの炒め物などが次々と出てきた。空き腹には、クコの実をまぜた五穀粥がとてもおいしく感じられた。笹目青年は、この機会を逃すまいと、食事中もライ道士に質問をぶつけていった。

「リョ神仙にお目にかかっても、言葉が通じないのが不安です。通訳のできる方がそばにおられますかね」

「いや、その心配は一切いらないよ。仙師はあなたを霊的なレベルに引き上げて話をすることができる。あるいは、あなたが日本語を話し、仙師が満州語で話しても通訳なしで意を通じることもできる。どの方法をとるかは、仙師が相手を観て決めることになる」

「はあ、そうですか。仙師は、テレパシーがおできになるのですね。ライ道士も、仙師と交信されたことがありますか」
「もちろんさ、わからないことが出てくると、私は心をしずめて遠隔通信でいつも老師の指示をあおいでいる。指示に従っているから間違いがない。だから、すべての人類が、相手の心がわかるようになれば、詐欺も殺人もなくなるよ。天地の声を聴くようになれば、平和な社会が訪れるのだ」

道士の話によると、書かれた教えや説教を聞くだけでは、戦争はなくならない。理詰めで考えれば考えるほど、狂信的になり対立が生じ、世の中は混乱してくる。人間がもっと意識を向上させ、本来持っている霊能を開くことが求められる時代に入ってきたという。いきなり全人類がその域に達するのは無理としても、一万人に一人の割で神通力を持った人が現れると、世界は確実に変わっていくという。

「なるほど、そうすると、老師は神通力を持った賢人を養成しようとしておられるのですね。私はこれまで、ときどき禅の修行をやり、山中で滝行をおこない、なんとか意識を純化したいと試みてきましたが、もしかすると、老師はそんな私を透視して少し指導してやろうと思われたのかもしれませんね」

「やっと、わかってきたようだね。それで、私に大連駅まで迎えに行けと指示されたのだよ。老師がお迎えを命ずるほどだから、よほどの因縁があるにちがいない。しかし、それだけに、あなたの使命を達成するには、尋常でない苦労が待ちうけていることを覚悟しておいたほうがよい。なにしろ、この世は、汚濁に満ちているからネ」

二百歳余のリョ神仙に会う

白頭山のふもとからはロバで登っていった。ロバはどんな崖っぷちの細い道でも怖がらず歩いていく。しかも重い荷物を運んでくれる。頂上への悪路は、思ったより順調に進んだ。上部は尖った三角錐の形をしているので急峻であったが、荷物を積んだロバ十頭を率いて、なんとか道士についていくことができた。

頂上に近づいてちょうど日が沈もうとするとき、南の方角に黄海が、東に日本海が視野に入ってきた。足元には朝鮮半島がくっきりと見えてきた。そのとき、ライ道士が北の方角を指さした。

「ごらん、湖が見えるよ」

指差された脚下の盆地に視線を落とすと、静かな楕円形の湖水が目に入ってきた。話に聞いていた底の知れない神秘の湖である。あのリョ・リンライ仙人はその近くの洞窟に住んでいるはずである。

笹目青年は思わずロバから飛び降り、波一つない鏡のように透明な碧い池に向かってひざまずいた。柏手を打ったあと、満州人のように九回拝礼した。そのまま額を足下の固い岩につけると、汗を流しながらこうして無事に天池にたどり着けた喜びが腹の底からむずむずと湧き、全身の細胞が温かい感謝の気持ちにつつまれた感じがした。

頂上のカルデラ池「天池」

すると、次の瞬間、金色の延べ棒のような光の束が、頭頂から尾骶骨《びていこつ》にかけてズシーンと突き刺さったのを感じた。金色の光波の振動が全身の細胞に伝播したかと思うと、たちまちそれらの光波が丹田に集結して一挙にバーンと爆発した音が聞こえた。

丹田から湧きおこった歓喜の花火が炸裂《さくれつ》し、全身が武者震いのようにわなわなと震えた。笹目はうつぶせたまま、しばらく起き上がることができなかった。生まれて初めて体験した不思議な神秘現象であった。

そこから仙師の住む洞窟までは三十分ほどであった。天池に沿って左に回ると、出迎えの道士たちの姿が見えた。案内された道士用の小屋に入って手足を洗い、服を着替え小休止した。出された夕食をいただいてしばらく横になった。夕食といっても小麦粉を練って油で揚げたお菓子のような簡単な食事である。満州語でボボという。

老師との会見は、さっそくその晩三更に設定された。

三更というのは、夜十二時から午前二時までの時間帯である。老師の住んでいる洞窟は、天池の北側の岩山にある。

真夜中、星明かりのもとライ道士にしたがって二百メートルほど行くと、仙師の洞窟に着いた。洞窟の内部は円形で中央に炉が切ってある。炉に大きな熾火《おきび》が燃え残っていて、洞窟の中を明るく染めていた。

炉のそばに白衣の老師が座禅の半跏扶座《はんかふざ》の姿勢で待っていた。銀色の髪の毛が肩まで垂れている。穏やかな丸い童顔をつつむ白いあごひげは胸まで伸び、熾火に照らされ輝いている。玉顔という言葉がふさわしいように思えた。眼は、細く切れ長でまなじりがせりあがっている。伝説の鳳凰の眼、鳳眼というのであろうか。

笑みをたたえた円満なお顔で、そこから慈悲が放射され、仙師の周りだけ明るくなっているように見えた。

老師のそばには、長老らしい人物がひとり控えていて、笹目青年に座るよう手で促した。修道士たちは、山では必要なこと以外は、沈黙を守るのが習わしで、必要なことは手振りで示すのであった。

「東京の学生、笹目恒雄です。お招きに応じて本日到着しました。よろしくご指導をおねがいします」

笹目は、老師に合掌し、一礼して挨拶を述べた。

リョ神仙は半跏扶座の姿勢を崩さず、定印を結んだまま口を開いた。

「はるばる御苦労であった。そなたを呼んだのは、ほかでもない、そなたは天池とは過去生の深い因縁があるので、それを教えておこうと思ったのだ。知ると知らぬでは、雲泥の差があるからな」

神仙は満州語で話しているはずなのに、日本語として聞こえてきた。笹目の交信力を霊的に引き上げてくれたのか、それとも日本語として情報を送ってくれたのかはわからない。

仙師は、まず三千年来に及ぶ笹目と天池の関係について述べ、今後の笹目青年の果たすべき役目について語った。

「そなたは、三千年前にクマン・ミタンという名で、この白頭山で修行していた。そして命を受け、ふもとに降りモンゴルの里にいた住民たちを指導する地位についていていた」

「今生のそなたの使命は、北西の方向にいる貧しいモンゴルの遊牧民を救済する手段を講じてやることだ。三千年前の行をまた繰り返すことになる。ただし優越感をもって接してはならない。兄弟に接するように、親しく誠意をもって行うことを忘れるな」

その途上で笹目は、常人には到底耐えることのできない苦労を積みかさねばならないこと、その苦境から脱出する鍵は、十二年後に会うことになるコンロン山のシュロ神仙から授けられることなどを手短に語ってくれた。

そして最後にこう付け加えた。

「そなたの生涯は、尽くしても尽くしても裏切られ、騙され踏みにじられる。これからの三十年はいばらの道である。しかし、これに堪えられれば成道し、次の三十年には幸運が訪れるであろう。それを楽しみにして勤め励むがよい。ほかに聞きたいこともあろうが、それは日を改めよう。今晩はゆっくり休め」

運命は選び取るもの

翌日の朝食は、いよいよ待望の仙人食であった。

といっても実に簡単なもので、松の実とクルミを粉にして干しブドウを入れ、それにお湯を注ぐだけのものであった。満腹するほど食べると、鼻血が出ると脅されたが、物足りなかったので多めに粉を入れてもらった。

小屋の道士たちは、朝食後は木の実や薪を探しに出かけたが、ライ道士と笹目は、再び先師の洞窟に向かった。質問に答えてくれるという約束だったので、楽しみに出かけた。

「昨晩は、私の使命は遊牧民族を救うことと教えていただきましたが、まだ私は社会のことも知らない学生です。学業をやめて遊牧民族の中に入ることには、まだ自信が持てないのです」

「そなたは何か大陸に求めるものがあるはずとなんとなく感じてやってきたはずだ。それは天の使命を感じたからだ。しかし、人には自分で選ぶ自由がある。余が言うたからといって、あえてこの苦難の道を行かなくてもよい。別の道を選ぶこともできる。

そなたに与えられたもう一つの道は、安易で楽ができる道だ。そちらを選べば、そなたは地上の富と名声を手にすることができる。だが、短命である。そしてまた再び転生してきて、そなたのカルマ（業障）を果たさねばならなくなる。

けれども、もし今生において煉獄の三十年を生き抜けば、無限の栄光がそなたの上に輝き、神と共に座すことができよう。どうじゃ、クマン・ミタン！」

リョ・リンライ神仙は、語気鋭く迫った。その気迫に押されたかのように間髪を入れず笹目は答えていた。

「よくわかりました。この天池を出発点として今生において再び下界に降りてまいります。学業をやめ、遊牧民族の救済のために苦難の道を歩んでまいります」

それを聞いた仙師は、ついで不気味なことを告げた。

「日本は、まもなく満州の地に国家を建設しようとしているが、これが遠因となって、さらに十年ののちには、日本が滅亡の淵に叩き込まれるような戦争が起こる。それを防ぐには、黒い水を見つけることじゃ。そして、その道程で、そなたは日本のカルマを背負うて、塗炭の苦しみに遭《あ》うことになる。日本は善意で行ったのに裏切られ、足をすくわれ苦しむというカルマを持っている。そなたもまた、裏切られ、騙され、投獄されることになる。それでもよいのじゃな」

「ハイ、覚悟ができました。そこで一つお願いがあります。どういう方角に向かえば黒い水が見つかるのか、黒い水とは原油のことですね。また途中で苦難のあまり、心が折れそうになったとき、仙師のお力をいただきたいのです。祈ると、さっと指示を与えていただきたいのですが…」

「どうしても必要な時は余が現れるだろう。しかし、それに頼りきりになってはいけない。道士の多くが、余に頼りすぎる傾向があって困ったものだが。そなたには、自力で霊感を開発することを望むぞ」

「自力で霊感を養うのは、どうすればよいでしょうか。ライ道士さんが教わったその手法をまだ教わっていないのです」
「ああ、そうだったなあ。では今晩また訪ねてこい。月の精気を食む秘法を授けよう」

その晩、夜十二時に笹目青年は仙師の洞窟をライ道士と共に訪問した。
リョ神仙は、外に出て月を背にして立ち、笹目を月に向かって立たせた。そうしておいて、ある印相を結んで何やら真言を唱えた。それから、親指と中指を笹目の印堂に当てて、「ハル〇、ウム〇、ツヅ〇」と真言を唱えた(〇は伏せ字)。そしてこう言った。

「この真言を唱えながら、月に向かって立ち、月の精気を口から吸収しつつ嚙み下せ。その間、左手の親指と中指で輪を作り、その輪を人差し指を立てて中断する。これを坎下印《かんか》という。その印相を月に向け、隙間から月の精気を吸収せよ。これを繰り返すことによって、体は元気はつらつ、精気あふれた状態に保つことができるのだ。次第に霊感が目覚めてくる。毎晩、うまずたゆまず繰り返せ」

「曇りの晩は、どうすればよいのでしょうか」

「バカもの！　雲の裏側には月が煌々と照っているではないか。心眼で月を観るのじゃ」


笹目は、仙師に深く感謝して洞窟をあとにした。

帰りがけにライ道士は、言った。

「今日という日を忘れてはならないぞ。困難にぶつかったときは、必ず仙師を念じなさい。そうすればどんなに絶望的な状況になっても、間違いなく打開することができる。これは、私の体験からも断言できるよ」

全身から神に入れ

その日から六日間、笹目青年は天池に滞在して瞑想し、夜はリョ神仙から習ったことを復習した。

毎朝午前四時に、笹目は小屋の扉を開けて、外に出た。すでに東方の空は、白々と開け始め、遠方に小鳥のさえずりがこだましている。

三千年前の自分もこうして碧い天池のほとりで瞑想していたかと思うと、その昔の自分に戻ってみたい気持ちになり平らな岩に腰を下ろして半跏扶座を組んだ。やがて、朝の太陽が笹目の顔を明るく照らしだすにつれ、全身が温かい靄《もや》のような陽気に包まれる感じがした。まるで、母親の胎内に還ったような温かさである。

しばらく瞑目していると、すべてが一つに溶け合い、岩山も湖も大空も笹目の体の一部になったような感覚に包まれた。体そのものが、大空の高みにまで飛翔し、宇宙大に広がったような不思議な感覚であった。

リョ神仙の声がときどき思い出された。

「全身から神に入るのじゃ、固い頭から入ってはならん。頭から入ると広大無辺の真理は一部しかつかめない。心から入ると、心でつかんだ神仏はころころ変わる。ころころ変わるからこころと言うのじゃ」

神界に参入するカギは、理性でも情念でもなく、身体感覚にあるというのである。老師の指導する太古の神ながらの道には、経典は一切なかった。太陽と月と星と雄大な自然がただ一つの経典であった。日月の光や山川草木が発しているそれぞれ固有の響きを感得し、同調し、体内化することが大事だと老師は語っていた。

「いいか、この山も湖も岩も響きそのものだ。そなたの本質も響きだ。響き以外に何物もない。人間がこの世の役割を終え、あの世に戻っていっても響きはしっかり残り、大宇宙に記憶されている。人間たちと神々と大宇宙の響きが共鳴して、無数の因果を結び、因果が次の因果を招き、響きが次の響きをよび、こうして天地の約束が成就していくのだよ。天地の約束、これを天地公事ともいう」

修行の最終日になった。仙師は笹目のために祝宴を張ってくれた。金色の杯に黄金色の酒を満たし、一口飲むと、笹目に勧めた。そっと飲んでみると、これまで飲んだことのない不思議な味であった。そばにいた長老が説明してくれた。

「これは、鶴松涎《かくしようえん》という酒だ。松の実を砕いて絞った汁を数種類の果実と共に瓶に入れ、六十年間地下に埋蔵しておいたものだ。長生きの祝い酒だね」

その貴重な酒は、少しいただいただけで腹の底からポカポカ温まってきていい気持ちになった。酒のあとには、キノコを入れた山の幸のスープといつもの松の実の粥が出された。

最終日に、老師は淡々と語った。

「これで、入門の行は終わった。あとは、六十年間これを続けることだ。前半の苦難の三十年間で、そなたの心身は浄化され、後半の平穏な三十年でさらに心身は昇華されていく。それを信じて、日々行に励め」

「そうすると六十年後には、私のような愚鈍なものでも、天眼通《てんげんつう》や天耳通《てんにつう》といった通力を得ることができましょうか」と笹目は尋ねた。

「もちろんだ。だが、それを得ることを目的に修行をしてはならない。そのような力は、ご褒美として、結果として与えられるものであって、目的にすると邪道におちいる。また、たとえ神通力を得たとしても、それは三万年前に還っただけで、誇るべきことではない。三万年まえの古代人は、自由自在にものを透視し、湖に住む龍や空を駆ける麒麟の声を聞いていたが、物欲が次第に旺盛になり、分析的な知能を使い始めたために、通力を失っていったのだよ」

「この一週間に教わった行法で足りるのでしょうか。ほかに学ぶべきことがたくさんあるように思えてなりませんが」

「むろん、これだけでは不十分だ。だが、必要なものは、これからの人生経験の中で学んでいくから心配はない。この山の行法のほかにもっと知らねばならないものがあるけれども、まだ時期が熟していない。十二年後に、コンロン山に住むシュロ神仙に出会うよう手はずを整えておくから、きちんとその覚者から学ぶことだ」

ここまで話すと、笹目老人は、立ち上がって土間に降りた。湯気を立てている釜の蓋をあけ、中からふかしていたサツマイモを取り出した。甘い匂いがさっと小屋に満ちみちた。

「どれ、お腹がすいただろう。一つずつ召し上がれ。サーヤさまはこういう芋は食べたことがないだろう。戦後の食糧難のときは、この芋でみんな命をつなぐことができたんだよ」

初めて見る珍しいサツマイモの皮をむきながら、サーヤさまが質問した。

「二十二歳で満州に渡り、今年で八十四歳になられますね。前半の三十年は、大変な苦労をされ、後半の三十年は落ち着いた生活をおくるという予言でしたが、やはりそうでしたか」

「うん、たしかにそうなったね。その予言があったので、お金をだまし取られたり、牢獄にぶち込まれたり、数々の苦難もなんとか耐えることができたんだなあ」

器用にサツマイモの皮をむいていた女性護衛官の山本が言った。

「月の精気を食《は》む手法をもっと詳しく教えてくださいませんか。一度聞いただけでは覚えられません。それを習得してもっと元気になりたいのです。ヨガにも似たような月の行があると聞いています」

男性の河野が、腕時計を見て、急に気がついたかのように口をはさんだ。

「残念だが、その時間がないよ。もう帰る時間だ。暗くならないうちに御岳山を下りなければ」

サツマイモを食べ終えると、三人はあわてて帰り支度を始めた。

「今日はとても参考になるお話を伺いました。また、来月まいりますので、ぜひ続きを聞かせてくださいませ」

サーヤさまが、明るい声でお礼を述べた。

山小屋を出て東の空を見上げると、

山荘の笹目秀和老師

白い下弦の月がぼんやり顔を出していた。三人は、月の精気を飲む法を思い出しながら、しばらく半月を眺めていた。

第三章

モンゴルの独立のために

——シュロ仙人を訪ねてコンロン山へ向かう

遊牧民の中へ

皇女サーヤさまが再び笹目老人の山小屋を訪問したのは、十一月の半ばであった。

ヤマモミジは、すっかり色づいていた。お付きの護衛官も続きの話を聞こうと、いくつか質問を用意していた。

「あのあと、白頭山を下りてからどうされたのですか。モンゴルの遊牧民とは出会えましたか」

「うん、山を下りてから奉天に向かい、さらにモンゴルとソ連の国境地帯にある興安嶺《こうあんれい》をめざして、長い長い旅が始まったね。日本領事館のお世話で現地に詳しい案内人を雇い、モンゴル人のゲルという移動式のテントに泊めてもらいながら移動した。モンゴル人の習慣として、旅人には一夜の宿を無償で提供することになっていたから、助かったね。ゲルが見つからないときは、幾晩も野宿をしたなあ。

旅の模様は、『神仙の寵児』という本にまとめて出版する予定だから、それを読んでくれるとありがたい。でも、大体のあらすじをかいつまんで話してみようか」

と言って、笹目老人が語り始めた内容は、戦後の世代が及びもつかない、途方もなくスケールの大きいものであった。

「まずは、そのころのモンゴルの歴史をざっと知っておいてもらいたい」と言って、笹目老人はあらましを語り始めた。

それによると、モンゴルは、三百年近く清朝の支配下にあったが、一九一一年の辛亥革命を機に外蒙古は独立を宣言、しかし内蒙古は張作霖などの軍閥により弾圧されていた。一九一七年にロシア革命が起こると、白軍が中国軍を追い出し圧政を敷いた。赤色革命が起こり、資産家の持っていた家畜はすべて牧夫らに奪い取られた。これに反抗したモンゴルは、紆余曲折を経て一九二四年にモンゴル人民共和国を樹立し、君主制を廃止した。

笹目がモンゴルを訪れたのは、こういう大動乱の時代であった。リョ・リンライ神仙は、笹目に赤色革命のあとの人心動揺を収拾する役目を与えたのであった。

このようにモンゴルの歴史は、ロシアと中国に挟まれ、独立と分断と隷従を繰り返しながら生き延びてきたという悲惨なものであった。この間、漢人の入植が進み、牧地は減り続け、モンゴル遊牧民は次第に農民に変貌していった。

共産主義を採用したモンゴル共和国は、一九三〇年に旧王侯や裕福牧民の家畜を没収し、僧侶を還俗させ、宗教活動を弾圧していた。共産化を不満とする反乱も相次ぎ、不安定な状況が続いていた。

これを奇貨とした日本は、関東軍と駐蒙軍を派遣して、蒙古に対する影響力を強めようとした。やがて、一九三九年には国境線をめぐってノモンハン事件が起き、日本がソ連に敗北することになる。

こうした混乱の時代であったが、満州里《マンチユリ》に着いてから笹目は、牛と牛車一台を購入し、それに炊事道具と衣類、食料を積んで広大な草原を旅した。遊牧民を救済するには、まず住民の生活状況を把握しなければならないと思った。案内は、地理に詳しいテキシパイルという男が付き添ってくれたので安心だった。彼は忠実で律儀なモンゴル人であった。

けれども、三年前からソ連が徐々に勢力を拡大しつつあったので、警戒しなければならなかった。日本人とわかればスパイ容疑で拘留される恐れがある。そこで、笹目はナラントムルという蒙古名を名乗り、蒙古のあいさつの仕方や言葉など習いながら旅を続けた。

蒙古語は、語順が日本語と似ているのでわりと楽に覚えることができた。蒙古帯を締め、左側に蒙古刀をつるし、嗅ぎたばこ入れをぶら下げると、モンゴルの青年らしくなった。蒙古人はあいさつするとき、嗅ぎたばこ入れ（鼻煙壺）を交換してたばこのにおいを嗅ぎあう習慣がある。

モンゴル人が住んでいるのは、モンゴルゲルという移動式の大きなテントである。一家族につき、家族用、使用人用、来客用と三つのゲルが建ててある。遊牧民の習慣として、旅人には一夜の宿を無償で提供して歓迎することになっている。

夕食には、羊一頭をまるまるゆでたものを出されたこともあったが、それは最高のもてなし料理であった。馬乳酒（クミス）は、口当たり

遊牧民のゲル

の良いシャンパンのような味で、どこの家でも作っていた。

一か月ほどかけてモンゴル情勢を視察したのち、東支鉄道駅のハイラルに出て、列車で日本に帰るという予定を立てた。途中迷ったときは、白頭山のリョ神仙を強く思念した。すると、すぐさま今後の行動について指示を受け取ることができた。神仙は、笹目と霊線をつないでいつも連絡できるようにしてくれていた。

ときどきは、モンゴル平原に立ち上る月影を眺め、リョ神仙から教わった月の精気を呑み込む方法を思い出して行っていた。

好青年の笹目は、モンゴル娘にも好かれ、結婚してほしいという申し出を受けたこともあったが、結婚するとリョ神仙との霊線が弱くなるといわれていたので、その都度、断った。

また、霊感の強い日本夫人にも付きまとわれ、「草原旅行のお伴をさせろ」

と迫られたが、これも断固はねのけた。おかげで恨まれ、霊力の縛りをかけられ、一か月以上高熱が続いて足止めされたこともあった。あとで調べてみると、やはり、強力な金毛九尾《きんもうきゅうび》の古狐の恨みの業《わざ》であった。

旅の途中、野宿しているとき、狼の群れに囲まれたこともある。狼は火に弱いので、あわてて消えかけていた焚火《たきび》を天高く燃やし、狼の群れを追い払った。といっても、夜は極度の緊張がつづき、安眠はできなかった。

銃で狙われるなど危険な目に何度も出会ったが、行く先々で巡り合った現地人に助けられた。前世の因縁なのか、モンゴル王家の血筋を引く貴婦人と義母子の契りを結ぶことにもなった。貴婦人の紹介で要人にも面会でき、およそのモンゴル情勢をつかんで一か月後に無事ハイラルに到着した。

リョ神仙やライ道士たちもはるかな遠方から道中を見守ってくれたように思われ、深々と感謝をささげた——。

戴天《たいてん》義塾を設立する

ここで、山小屋の笹目老人は、急須に用意したシャクナゲのお茶を三人に注ぎ、自分も一口飲んだ。囲炉裏にはいつもの鉄瓶が吊り下げられている。

そして、サーヤ様一行に向かって言った。

「この旅の収穫はね、向学心の強い青年を何人か見つけたことだった。モンゴルの復興のためには、まず若者を教育しなければならないが、現地には学校というものがなかった。それで、私は、十人くらいのモンゴル青年を日本に留学させる計画を立てた。その費用は一切自分が工面する覚悟でね」

「よく決意されましたね。まだ二十二歳というお若い身で、資金の目当てはあったのですか」と女性護衛官の山本が尋ねた。

「当てはなかったけれどね、固い信念があれば何とかなると考えたのだよ。帰国して、当たって砕けろの精神で、資産家の親戚にぶつかっていったところ、運よく出してくれたんだ。その資金で、戴天《たいてん》義塾というモンゴル青年学校を設立したが、それについては、後でゆっくり説明するよ」

「大正十三年に旅行されたわけですが、その年二月には大本教の出口王仁三郎が、警察の目をかいくぐり、合気道の植芝盛平らを連れてモンゴルを探訪していますね。その話はご存じだったのですか」

こう質問したのは、男性護衛官の河野であった。河野は歴史が好きで、近代史にはわりと詳しかった。

「いや、当時はまったく知らなかったよ。しかし、行く先々で日本人のラマ僧が春にやってきて現地人の病を治し、生き仏とあがめられて大変な人気になったという噂を耳にしたよ。後で調べてみると、そのラマ僧とは出口王仁三郎師のことだった」

大正十年に大本教は不敬罪の容疑で弾圧を受け、その後の監視も厳しくなっていた。ところが、王仁三郎は、ひそかに日本を脱出し、日本の生命線の満州、蒙古に渡り、さらに中央アジアに向かおうとしていた。その途中、スパイ容疑で張作霖軍に捕縛され、銃殺されようとした寸前に日本領事館に救出され、日本に送還されていたのである。

「で、帰国後、王仁三郎とお会いしましたか」と河野が聞いた。

「うん、もちろんさ。私は大正十三年十一月に門司港に着くと、京都の綾部に直行したんだ。面識もないし、紹介状もなかった。突然の訪問であったが、なんと王仁三郎師はその日、未決監から釈放されて帰宅したばかりであった。師は疲れも見せず快く会ってくれたので、私は、モンゴルから留学生を招く計画を話したところ、師はとても喜んで『困ったことができたら、相談するように』と言ってくれたよ」

笹目は天を仰いで、懐かしそうに回想した。これが、笹目と王仁三郎との最初の出会いであった。

そのころ、出口王仁三郎《でぐちおにさぶろう》は、道院という修養団体と提携し、大本の主な教会に道院を誘致し開設していた。道院は、山東省の済南《チーナン》に発祥した修養団体で、傘下に慈善組織、紅卍字会《こうまんじ》をもっていた。道院は、二人の道士がT字型の棒を持ち、砂盤の上に神霊の託宣を降ろしていくフーチという独特の占法で有名であった。

大正十二年五月、北京道院のフーチで、「米を集めよ」という壇訓が下り、各地から集めた四千石の米と四万両の金を船に満載し、さてどこに向かわせるのか次のフーチで占ったところ「東京湾に向かえ」という指示が下った。そして船が東京湾についた九月一日に、なんと関東大震災が起きたのである。道院、紅卍字会《こうまんじかい》の支援は、救援第一号となった。

大本も将来の大陸進出に備えて、道院、紅卍字会との提携を進めようとした。王仁三郎自身も入会し「尋仁」という道名をいただいていた。

笹目青年も、王仁三郎師から道院のことを知り、昭和四年に「秀和」という道名をもらい、道院の修方（会員）となった。道院は宗教ではなく、静座による修養と慈善活動を行うことが務めであったのであまり抵抗はなかった。仏教や道教、キリスト教の信者にも広く門戸を開いていたのである。

「ところで、お話にあった戴天《たいてん》義塾は、どうなりましたか。今もつづいていますか」

こう質問したのは、サーヤさまである。サーヤさまは、教育問題に関心があり、恵まれない世界の子供たちに教育の機会を与えたいと考えていた。

道院のフーチの模様

「じゃあ、モンゴル青年の教育について語ろうか。私の失敗談も交えながらね」

資金集めに奔走する

帰国した笹目は、急に新聞、雑誌から取材の申し込みが相次ぎ面食らった。当時は、石炭や鉄鉱石など資源の豊富な満州、蒙古に対する関心が高く、笹目青年の単独冒険旅行は、さっそく記事になり、講演依頼も相次いだ。講演の速記録が雑誌に載ると、さらに取材の依頼が増えた。

笹目は、講演では必ず、モンゴル青年の養成塾を設立したいと熱弁をふるった。協力者が現れることを期待したのである。

民間からの寄付は遅々として集まらなかったが、子供のころかわいがってくれた叔母さんに熱情を込めて説明した結果、五千三百円という多額の資金を借りることができた（現在の二千七百万円に相当する金額である）。そこで、三百円だけ持ってモンゴルに渡り、約束通り、十三歳から二十歳までの留学生六人を連れて帰った。

帰国したのは大正十四年の十一月だったが、帰国してみると、学寮の確保を頼んで知人に預けていた三千円が着服されていたのがわかり、愕然とした。知人は、勝手に株に投資し、大損していたのだ。

そこでまた気を取り直し、両親を亡くした笹目を親代わりに育ててくれた実業家の祖父のところに談判に行った。

祖父は、茨城県の有数の高額納税者であり、最初は渋っていたが、笹目の迫力に押され、最後は一万五千円をポンと出してくれた。彼は、笹目の冒険談を新聞で知り、まさかと思っていた意外な恒雄の実行力に驚いたのである。当時の一万五千円というと、現在の約八千万円に相当するが、資産家の祖父にとってはものの数ではなかった。

モンゴル青年の学寮は、駒場に空いていた邸宅を借り、昭和二年に「戴天義塾」と名付けて、正式に塾を発足させた。出口王仁三郎や頭山満、内田良平らも応援してくれた。

それからの四年間は、東京とモンゴルの間を行き来する生活になった。二年目も、六歳から二十歳までの七人を留学生として迎えた。

しかし、惜しいことに戴天義塾は、四年後の昭和六年に解散することになる。満州事変が勃発し、満蒙の情勢が混乱したため、留学どころではなくなったのだ。が、この四年間に三十六人の青年を養成することができ、笹目はその中の有志と力を合わせてモンゴル民族独立運動に身を投じることになる。

笹目たちは「純正モンゴル民族国家」を設立するという目標のもとに、ソ連や中華民国や大日本帝国にも支配されない一つの自主独立国家を作ろうとした。

こうして昭和八年に誕生したのが、徳王（デムチュクドンロブ）の蒙疆《もうきょう》政権であった。笹目は、徳王の私設顧問として、宮殿の貴賓室を使わせてもらい、いろいろと助言した。このとき、留学生たちが大いに活躍し、対日、対中、対ソの外交にかかわり、参謀大佐や駐日大使館の参事官などになって働いた。

戴天義塾の解散後は、あらたに日蒙の善隣協会を作り、モンゴルの文化や医療の向上のために動こうとした。その資金百万円は、趣旨に賛同した林銑十郎氏（のちに総理大臣）が関係方面に働きかけて調達してくれた民間の浄財だった。

陸軍からは、金を出そうかという働きかけがあったが、笹目は軍のひも付きになるのは、拒否していた。

徳王政権の活動資金を独自に集めようとして日本に帰国する途上、満州の山中で関東軍の憲兵隊につかまったこともある。関東軍は、笹目に協力を求めたが、軍の要請は断ったので、その後は冷ややかに扱われることになった。政治的に妥協して要領よく立ち回るというのは彼の本意ではなかった。

徳王（デムチュクドンロブ）

だがその後、関東軍の勢力が次第に強くなり、モンゴルの自主独立を目指した笹目の理想は、ことごとく踏みにじられていくことになる。政治的な立ち回りのうまい徳王も、中華民国の影響力とバランスをとろうとして、笹目の意向を無視し関東軍に近づいていったのである。

その当時、蒙疆政権と関東軍の主な資金源は、アヘンであった。蒙疆の地で生産された大量のアヘンは、華北や満州、日本にも輸出されていた。アヘンは、鎮痛剤としても使われ、戦時には欠かせない薬品でもあった。

大本のご神体を預かる

このような変転極まりない情勢の中で、笹目は、モンゴル遊牧民の独立のため日本と蒙古の間を行き来していたが、いつも気になっていた昭和十一年が近づいてきた。

この忘れられない年は、白頭山のリョ・リンライ神仙と会ったとき、「十二年後には、必ずコンロン山にシュロ神仙を訪ねて、将来のことを相談するように」といわれていた重大な節目の年だった。面会の年は、昭和十一年と天界で決められていたのだ。

コンロン山脈は、モンゴル側からチベットに入る手前にある極めて険しい山々である。その中のシュロ南山という場所に、かのシュロ神仙が住んでいるという。そのコンロン山は、霊的に重要な山で、地球の汚れた鼻を大神仙が掃除していると聞いていたから、ぜひとも訪問しなければならない。笹目の次の任務を教えてくれるだろうと思った。

だが、そこに至る道のりは生易しいものではない。ラクダの隊列で数か月も砂漠を越え、旅の荷物も大テントから防寒用の毛皮、猟銃、銃弾、それに食糧などを運ばなければならない。

その準備費用として、二万円を集め、銀貨二万両に替えて奉天の常宿、松島館に預けておいた。奥地では日本円は通用せず、銀貨でなければ受け取ってくれないのである。

こうして、準備万端整ったので、渡満する前に綾部の出口王仁三郎師に会いに行った。当時の大本教は、百万部を越える人類愛善新聞を発行し、

出口王仁三郎

政治活動を行う昭和神聖会を全国的に組織するなど、破竹の勢いであった。信者数は、公称四百万人といわれていた。

昭和十年十二月四日の夕方、出口師と会うなり、謎のような言葉を言われた。

「ご苦労さんやなあ、笹目さん、今度のご神事はわたしの代わりに行くんやさかえ、しっかり頼みまっせ」

コンロン登山の話をしていないのに、出口師はこうも言った。

「今夜は日出麿《ひでまる》との出会いが必要だっせ。コンロン山に納まり願うご神体、夜半に勧請しておきますさかえ、ゆっくり休まれて、明日の朝来ておくれやす」

今夜は娘婿の日出麿の屋敷に泊まるがよいといわれた。日出麿は、出口家の三代目の娘婿で、将来を見通す鋭い霊能を持ち、王仁三郎の右腕として働いていた。京都大学文学部を中退し大本に入信したが、その予見力と文才はピカ一であった。

日出麿師の住居にお伺いすると「待ってましたがな、早うおあがりやす」と、気軽に迎えてくれた。

しかし、お茶をいただいたのちは、厳しい口調で告げられた。日出麿の体は鶴のように痩せていたが、語気は激しかった。

「西北（満蒙）の天地は暗雲低迷しており、六十年にわたるご神業の展開は容易なことではありません。これを打開できる道はただ一つ、コンロン山中に大本のご神体を納めてくることです。この任務が達成できるのは、あなた以外にありません。主神は、あなたに絶大な期待をかけておられるので、くれぐれも自重してくださいよ」

「そうですか。コンロン山にたどり着くだけでも大変ですが、コンロン行きを命じたリョ神仙のお言葉に寸分の狂いもないでしょうね」

「あの先師は、一切の俗を離れておられる方ですから、寸毫の誤りもありません」

そして最後に笑いながらこう言った。

「やがて地球の裏表がひっくり返るような時が来ると、大本神業の地場がコンロン山中に移らないとも限らないからね」

この不気味な発言が何を意味するのかはわからなかったが、翌朝、近くの王仁三郎師の館を訪ねると、すでに玄関に立って笹目を待ち受けていた。

「笹目さん、これが大本のご神体です。コンロン山のシュロ神仙が待っておられますから、その案内に従い、指示するところにこのまま埋めてください」

そういって、渡されたものは、直径六センチ、長さ三十センチくらいの孟宗竹で、

出口日出麿

黄色い漆が全体に塗られていた。この竹の筒の中に、大本のご神体が密封されているという。竹筒からは、紫色の光彩が放たれているように感じられた。

王仁三郎師から託されたご神体を携えて、大陸に渡り、奉天の松島館に入ったのは、四日後の十二月八日であった。常宿していた松島館には、銀貨二万両を木箱二十個に入れて預けていた。ところが、その木箱が見当たらない。女将《おかみ》に、どうしたのかと尋ねると、

「久富さんが先生からの指示で銀行に預けておくよう言われたからと言って、移動したのですが、先生のご指示ではなかったのですか」

久富というのは、就職を世話したりして面倒をみていた青年である。さっそく久富青年を呼び出して問い詰めた。

「私は明日にでも出発したいので、今日これから引き出してきてくれないか」

「わかりました。さっそく銀行に行ってきます」

ところが、翌朝になっても連絡がないので、久富の自宅に電話すると、母親が涙声で出てきて言った。

「息子は、昨夜アヘンを大量に飲んで、自殺しました。葬式代もないので、途方に暮れているところです」

すぐに駆け付けて、調べてみたが、家は貧しそうで、あの大金を家族のために使った様子はない。母親に聞いても「申し訳ありません」と謝るばかりである。

アヘンの投機ですったのか、死人に口なしで事情は判明しなかった。笹目は、持ち金の大半である四〇円を「葬式代に」と言って香典を置いて帰った。懐に残ったのは、七円のみであった。それは、現地の貧しい労働者、苦力《クーリー》の二か月分の生活費に相当した。

不運は続くもの――。翌日の朝刊を見て笹目は震え上がった。

十二月八日の早朝、大本教の本部が治安維持法違反と不敬罪で摘発され、笹目が訪れた神殿や王仁三郎師の住居がすべて完膚なきまでに破壊されていたのである。王仁三郎師は、その寸前にご神体を持ち出し、黙って笹目に預けたのかと鳥肌が立った。幹部たちもみな逮捕され拷問を受けていたが、師は厳しい弾圧を予見していたに違いないと思い、自分の任務の重大さに身が震えた。

さあて、どうしたものかと思案した。旅費がなくては一歩も動けない。リョ神仙はコンロン山に登れと命じ、王仁三郎師はご神体をコンロン山中に埋めてこいという。笹目青年は、気を取り直して考えてみた。ここで全部を失ったのは、神仙のご意思があるに違いない。

「今度の神業は、一切を捨てて、天とともに歩むという決意がなければ成就しない」という天意の現れではないだろうか、と思えてきた。残った七円で底辺の苦力の生活をすれば、なんとか二か月は持つだろう。

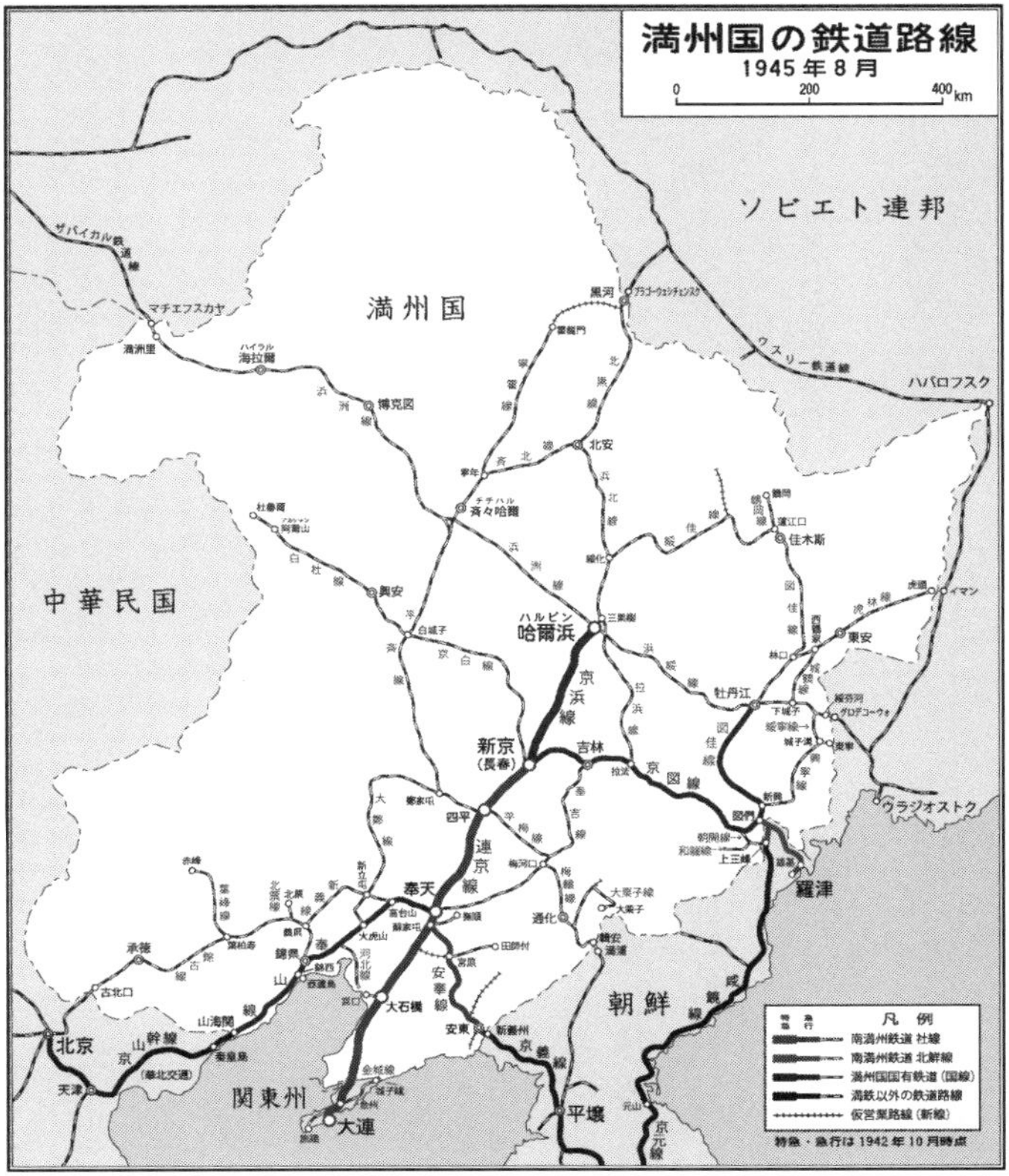

満州国が整備した鉄道路線

どんなことが起ころうと、絶望したり落ち込んだりしないのが、笹目の習性のようなものだった。かえって、どう打開してやろうかと、苦境を楽しむところがあった。真剣に取り組めば、打開できない状況はないと、これまでの経験から笹目は確信していた。

増える羊がモンゴルの預金

笹目は、苦力の姿に身をやつし、ひとまず一人で徳王府のある張家口（カルガン）まで歩いて行こうとした。そこには、すでに買い付けておいた旅行用の天幕二張、猟銃二丁、弾丸二千発など、合計一万円ほどの荷物を預けている。この半分を売ってラクダを買い、コンロン山まで行こうと考えた。

徳王府では久しぶりの再会を歓迎してくれ、ありがたいことに荷物を運搬するラクダ九頭を用意してくれた。コンロン山の近くにはラマ教の一大聖地があるので、ラマ僧に扮して秘境を行くことにした。正式なラマ僧ではなかったが、さいわい前年にチベットのパンチェンラマより、ラマ教の教学博士の称号を授与されていたのである。ラマ僧になりたいという三人の若者も集まり、近くまでラクダ運搬の手伝いをしてくれることになった。

コンロン山への旅がこうして本格的に始まった。しかし、寒いときは零下三十度、暖かくても十度以下という草原である。天幕の中に寝ていても、朝になると自分の吐く息で寝袋の周りにツララができているという過酷な旅であった——。

「今思い返してみると、本当に長い旅だったね。ラクダに乗った旅は半年にわたり、神仙のいるシュロ南山にたどり着いたのは、六月中旬だった」

笹目老人は、ここで三人に別の急須のお茶を注いだ。うすい緑色のお茶であるが、ふだん飲みなれた緑茶ではない。茶柱が立っており、あっさりした味がした。

「これはね、スギナとヨモギのお茶なんだよ。春に伸びたスギナとヨモギを取って乾燥させておいたものだ。このお茶もコンロン山へ行く道端で摘んでよく飲んだものだ。このお茶はケイ素が豊富でね、年をとると骨がもろくなるから、こうやって骨の元を補給しているんだよ」

「さすが、よく工夫されていますね。私もケイ素の多い天然水を愛用しています」

剣道で鍛えた太い腕を見せながら、河野がこたえた。


「ところで、半年のラクダ旅行を続けるには、多額の資金が必要でしょう。それはどうやって調達したんですか」と女性護衛官の山本が質問した。

「的《まと》をついた質問だね。実は、その十年前に私は一万頭の羊を買い、モンゴルの遊牧民に預けていたんだ。羊は、繁殖力が強いから、倍々に増えていった。途中何度も売って現金に替えたが、それでもコンロン山に行くときには十万頭に増えていた。それを担保に資金を借りたんだよ。モンゴル人にとって、羊は預金と同じなんだな。複利で増えていく」

「思い出しました。チンギスハーンは欧州から中東まで征服しましたが、そのとき数十万頭の羊を連れて移動しましたね。補給の重要さをハーンはよく知っていたのですね」と河野が言った。

「うん、それと反対だったのが、日本軍だったね、シナ事変のあと大陸奥地に進出したが、補給路が伸び切って、そこを便衣隊というゲリラ兵に攻撃されたから、苦戦したんだ。南方攻略も補給が続かなくなって失敗したね。特に石油の不足が致命的だった。自前の石油さえあれば、大東亜の解放戦争は苦労しなかったんだがね」

「で、コンロン山のシュロ仙人にはお会いできましたか。どんな方でしたか」

もう待ちきれないといった表情で、サーヤさまが質問した。

「じゃ、いよいよ、本論に入ろうかな」と笹目老人が、羊のような白いあごひげをしごきながら返事した。笹目老人が急にシュロ神仙のように見えてきた。

第四章

太陽と月の精気を食《は》む

——シュロ仙人から授かった秘儀と「天地公事」

五百歳余の神仙に会う

笹目青年は、シュロ南山のふもとに到達すると、モンゴル語とタングート語のできる通訳を雇った。ここには、シュロ神仙のお世話をしている二十八家族が住んでおり、タングート語を話していた。狩猟と薬草採取が生業であった。運よく部落の首長に会うことができ、神仙への取次ぎを依頼した。

「私は、東部モンゴルから半年の月日を費やして、やってきたものですが、神仙に取り次いでもらえませんか」

「シュロ神仙はこの裏山の洞窟で天地の呼吸を調整しておられ、めったなことでは人に会いませんよ。俗人にかかわると、狂いを生ずるということでね」

「では、東方からナラントムルという者が来たとだけ、お伝え願えませんか」

「そうですか。明日が食糧をお届けする日に当たっているので、一応お伝えしてみましょう」

「では、そのときこれをお渡しください」

笹目は、持参してきた緞子《どんす》、綿衣、線香など献上の品々を渡した。首長にも綿衣や団茶などの土産を渡すと喜ばれた。

首長の話によると、シュロ神仙は洞窟の中で二人の近侍といっしょに暮らしており、世話をしている首長が、山菜や栗、クルミ、キノコなどの食料を五日に一度運び上げるという。肉は食べないが、洞窟に敷く毛皮を献上する。

神仙の年齢は、正確にはわからないが、五百歳は越えているという。近侍している二人の道士も百歳以上のはずと語ってくれた。

神仙がコンロン山に行くのは、五、六、七月の初めの五日間と、その他の月は毎月一回だけ日帰りである。最高峰は、七千メートル以上ある険しい山であるが、鶴船に乗っていくので時間はかからない。鶴船は、俗人には見えないが、お仕えしている道士は見ることができると話してくれた。白頭山のリョ神仙の移動と似ているなと思った。

翌日、首長は馬に土産の品を積んで、神仙の住む洞窟に出かけて行った。それから二時間もしないうちに、あわただしく馬を飛ばして帰ってきた。

「シュロ神仙は、あなたのお出でを長くお待ちになっておられたそうです。すぐにお連れするようにとのことでしたから、お供します。ただし、ナラントムルさんお一人でということです」

「通訳なしで大丈夫でしょうか」

不安になった笹目がそう尋ねると、互いに違う国の言葉を話していても通じるという。これも、リョ神仙のときと同じであったので安心した。

こうして連れていかれた仙師の住む洞窟の中は円形に掘られ、炉も丸く切ってあった。シュロ神仙は、その奥のほうに端座しておられた。

驚いたことに、小児と見まちがうばかりに小柄で、顔も童子のような血色の良さである。五百歳と年を経るにつれ、無駄なぜい肉を落とし、体は小さくなっていくのであろうかと思われた。

頭頂は禿げているが、周辺には漆黒の髪が生えていて、それを頭上に束ねて結んでいるので、禿がほとんど目立たない。顔立ちも無邪気な子供のように見えたが、ときどき奥底で光る眼の輝きは只者ではなかった。

「拝顔の栄を得ましたことを、最上の喜びに存じます」

笹目は、かしこまった日本語であいさつした。

「今日ここに来られましたのも、仙師の庇護によるものと深く感謝しております。どうか、新たな使命をお授けくださいますよう、お願い申し上げます」

「おお、ご苦労だったな」

仙師のお言葉が、日本語として聞こえてきた。

「汝のあしかけ十三年にわたる遊牧民救済の活動はつぶさに知っておる。妨害が多かったが、それは汝が世のカルマ（業障）を背負ったためで、世を救うための慈悲行と心得るべきだ」

カルマ（業障）というのは、大自然の法則に違反した結果として、世間が負担しなければならない代償のことである。それは、地震や津波などの自然災害や疫病の形で出ることが多いのだが、そうならないで代わりに笹目個人が背負うことになった。そのために塗炭の苦しみにあったというのだ。

「その苦労を少しでも軽減するために、リョ神仙が授けたのが『月の精気を食む手法』であったのだ。にもかかわらず、汝はその実践が足りなかったな」

それを聞いて笹目はびっくりした。毎晩五十回はやろうと自分で決めていたのに、四、五回で済ませていたのだ。夜は凍えるほど寒いので、すぐ寝袋に入ってしまっていたのだった。

「今日、汝がここに来たということは、さらに『太陽の精気を食む手法』を授けられるということだ。では、その実践によって、魔障やもろもろの苦労から逃れられるかというと、さにあらず。反対にやればやるほど、一層大変になる。どうだ、耐えられるか」

そういって、シュロ神仙はからからと笑った。


「仙師がついておられるからには、断じて耐える覚悟です」

「そうか、では明日、コンロン山の山頂、モヌマーハルの聖地でその法を伝授することにしよう。白頭山のリョ神仙からも頼まれておるでな」

「ありがとうございます。あの険しいコンロン山には、馬で登るのですか」

「いや、そんなまどろっこしい手は使わない。わが腰のあたりにしっかり抱きついて居れば、一瞬の後に山頂に着いておる。しかし、その間に手が凍えて放すようなことがあれば、千尋の谷に落下することにもなるぞ」
そういって、先師はまたも大笑いした。

太陽の精気を食《は》む

笹目は、その日はいったん集落に戻り、王仁三郎師から預かった大本のご神体の入った竹筒を持って翌日また山に登り、先師の洞窟を訪れた。

その夜は、笹目のために祝宴が

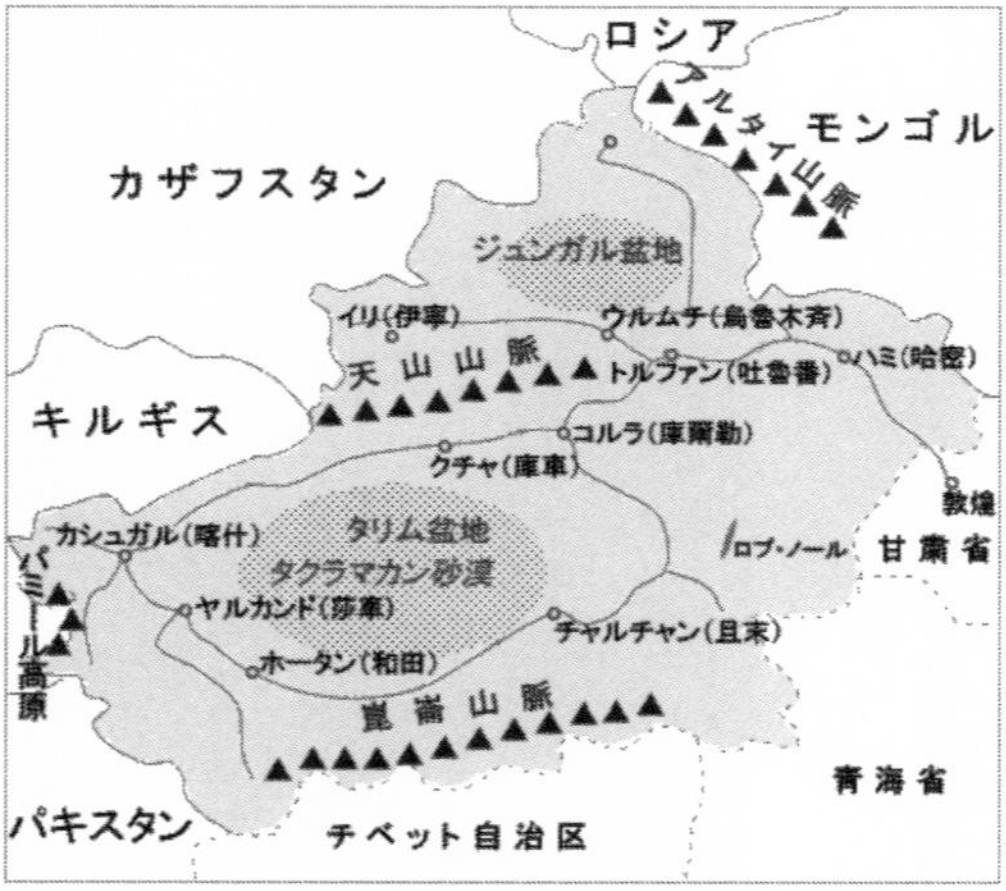

タクラマカン砂漠の南にあるコンロン（崑崙）山脈

張られた。乾杯の酒は、三十六種類の草根木皮を百年間地下で醸した神仙酒であると侍者が説明してくれた。酒の肴は、何種類かの木の芽の煮物である。山の岩塩で塩味をつけている。ごはんは、クルミと大豆を細かく砕いたものに大麦こがし（ザンバ）を混ぜて炊いたものであった。

それらをゆっくりいただきながら、笹目はいくつか遠慮のない質問をした。

「地球は、その表面全体で呼吸していて、白頭山とかコンロン山とか、特定の場所で呼吸するものではないと思っていましたが、どうなのでしょうか」

「人間にたとえて説明しよう。人間も本来、体全体で呼吸する胎息《たいそく》を行っていた。しかし、何万年ものあいだに、体の表面にある気孔が汚染され、胎息ができなくなってしまった。いずれそうなるだろうと予想していた造化の神は、鼻孔を作ってくれたのだが、本来は皮膚全体で呼吸していたのだ。地球も同じ理屈だ」

「なるほど、白頭山やコンロン山は、地球の鼻孔としてやむを得ずあとで造られたというわけですね。そうすると、人間が進化してみな胎息するようになると、山の役目はなくなるわけですね」
「さよう、我々はそうなることを幾百年前から望んできたのだが、見たまえ、いま山河は破壊され、空気は汚染され、胎息どころか鼻呼吸まで圧迫されているではないか。地球の大爆発か、大規模な天変地異が起こらなければ、地球自体の生命維持が難しくなっている。これを救う方法の一つは、胎息をはじめとした自然体に還る一大運動を展開することだ。汝にその覚悟はあるかのう」

見たところは童子のような赤ら顔だが、ひとたび口を開けば、その声は凜として鳴り響いた。人ばかりでなく、草木、岩石に至るまで震え、なびいていくのではないかと感じられた。座っている姿は、丹田に気が集中し、盤石のごとき威圧感を覚えた。

「はい、ここまで苦労して登ってきたからには、ぜひとも地球救済の秘法を授けてください。今度は、怠けずしっかりやり通します」

「はっは、少しは覚悟ができたようだな。では、明日七千メートルのモヌマーハル峰に行き、ある印と秘呪を授けよう。それを修すれば、あれだけの高峰でも、山自体が温かくなって、五日間のうちに氷が溶けてくるほどだ。己が温かくなると、己のいる場所も温かくなるのだ」


その晩は、侍者の住む洞窟に泊めてもらい、翌朝早く目が覚めた。外はまだ暗く、見えるのは明星だけである。シュロ神仙の洞窟に向かうと、すでに先師自らが炉に薪をくべていた。ほのかな香も漂っている。さっそく、三十六種類の草木を粉にして溶いたお茶をいただくと、体が温かくなってきた。飲み終わると、仙師は立ち上がり、外に出た。

「では、行くことにするか。しばらく、汝の肉眼を閉じることにするぞ」

というと、笹目の瞼《まぶた》の上を軽く押さえて呪文を唱えた。すると、目は開けようとしても開かなくなった。

「汝の手を、わが腰のあたりから前帯のほうに回して、わが帯をがっしり握りしめるのじゃ。決して手放してはならぬ。空中を飛ぶのだから、これを放すと汝は谷底へ真っ逆さまだ。いいな、覚悟は」

乗り物は、鶴船といい、これは天帝のつかわす鶴だという。しかし、目が開かないので、どういう形をしているのか見ることができない。

神仙は、笹目の手首を軽くたたいて出発の合図をすると、次の瞬間、ふわっと体が空中に浮かんだ。目を閉じて暗闇の中を飛んでいく。後方に吹き飛ばされそうであったが、そのうち寒さのために、耳や鼻、手に痛みを感じるようになり、やがて一切の感覚がなくなった。いったい、先師の帯をつかんでいるかどうかすらわからない。ついに意識を失ってしまった。

「さあ、着いたぞ」

という仙師の声で意識を取り戻した。

しかし、あまりに凍えてしまって帯をつかんだ指を放すこともできない。仙師は笹目の手を握ったり摩擦したりして何とか動くようにしてくれた。別の鶴船で飛んできた侍者も笹目の全身を摩擦してくれた。瞼の上に温かい手が置かれるとすぐに目が開いた。

「おお、人心地ついたようだな。では、さっそく、離火印《りかいん》による鎮魂を伝授することにしよう。そうすれば、体全体が温かくなる。いいか、よく覚えるのだぞ」


すぐにその場で、太陽の精気を食む離火印と秘呪を伝授してくれた。おかげで五体が熱くなってきた。

それから、モヌマーハルの頂上まで行き、それぞれ岩の上に腰を下ろして東空に浮かぶ朝日に向かい、右手を掲げて陽気を吸収する離火印による鎮魂を行った。日が沈むまで太陽を追って、二人は一日中鎮魂していた。太陽の精気を食む秘法は、日没まで続けられた。

日が沈んだ後、頂上の東側にある洞窟に入った。洞窟は、二十坪余りの大きさで、隅から水滴が落ちている。水滴でのどを潤し、食を取ることもなく、端座して瞑想した。先師に倣って、結印したまま丹田に意識を集中する座に就いた。そうして一夜を明かした。

翌日も仙師が率先して頂上に行き、旭光を拝して離火印による鎮魂を始めた。

午前中が終わると、洞窟に入って休憩をとった。侍者が木椀に一杯、仙人茶の粉を入れて渡してくれた。笹目は、雪解け水が落ちてくる下に椀を捧げ持ち、粉を溶かして飲んだ。それが、一日分の食だったが、不思議に腹も減らず、下腹に懐炉でも入れているように温かい。外は、防寒服で完全装備していても凍え死ぬほどの冷たさなのだが、軽装でも大丈夫だった。

坎離《かんり》印を習う

こうして三日間、鎮魂と座行を繰り返した後、先師は言った。

「離火印を習得したようだから、では、そろそろ、ムッツアタンゴの峰に移って次の行を教えることにしよう。鶴を呼ぶが、今度は目を開けたままでいいぞ。ただし、呪文は絶えず唱えておれ」

間もなく、西方ヒマラヤの方角から巨大な鳥船が二羽飛んでくるのが見えた。近くまで来ると、鳥はやはり鶴の形をしていた。大きさは、小型のヘリコプターくらいあった。先師は、ラクダを御するようにまたがった。

「これに乗って、わしの帯にしっかりつかまれ」

侍者も別の鶴船に乗り、双方同時に飛び上がった。その飛行は実に雄大、爽快なものであった。

眼下に広がる景色は、青海湖を囲む広大な平野、延々と流れる黄河の蛇行、左側下方には雪のヒマラヤ、前方には白い海のようなタクラマカン砂漠が広がっている。

ムッツアタンゴの峰は、直線距離で四百キロほどであるが、三十分で着いた。

仙師は、さっそく頂上の巨岩の上に腰を下ろし、結印誦呪《けついんじゅじゅ》を始めた。昼は太陽の精気を食む離火印を、夜は月の精気を食む坎下《かんか》印を結んで鎮魂した。

坎下印は、あの白頭山のリョ神仙が教えてくれたものと同じで、左手で行う離火印であった。最後の極めつけは、離火印と坎下印をむすぶ坎離《かんり》印であった。

「汝はこの両手を合わせて行う坎離印の意味がわかるか」と仙師が問うた。

「わかるような気がします」と笹目が答えた。

「右手と左手を合わせる坎離印は、言ってみれば、右と左の鼻孔に相当し、陰陽を祓い清める意味があるのではないでしょうか。それぞれを祓い清めるとともに、両者の合体によって生じる絶対力をもって全身全霊を昇華させるのではないかと思われますが……」

「大体の原理がつかめたようじゃな。無念無想になるには、第一段階として、想念を玄にとどめることが必要であるが、その玄の位置がわからない。このため、古来無数の人々が瞑想を行ってきたが、無想になり切れず、輪廻転生を続けて今日に至っておる。坎離印を結んで瞑想すれば、その玄がはっきりしてくる。その玄中に鎮魂すると、天国が展開してくるということだ」

「その集中すべき玄の場所を教えてください」

「よし、玄の場所は、天と地と人のそれぞれにある。天の玄郷は北極星にあり、地の玄郷はこのムッツアタンゴの峰である。人の玄郷は、上中下の三玄あり、まず上玄に想念を集中する。そして、『〇〇〇、〇〇〇、〇〇〇（伏字）』の呪文を百八回奉唱して鎮魂するのじゃ。その後、想いを頭頂の竅《きよう》に移して、天を拝すれば、しばらくして無想のうちに光を感じるようになる。それは透明な白さで、あらゆる物体を通過してしまう光であるから、影ができない。これが主神の正体で、この光をわが身に充満させることが道を得たということだ。道士！　わかったか」

「はい」

「では、この石の上に座して、あのヒマラヤの雪峰を望み、印を結んで呪を唱え瞑目し、この地の玄郷において鎮魂してみたまえ」

そういわれたので、指導に従って初めて両手を合わせ坎離印の鎮魂を行じた。

どれだけの時が流れたであろうか。

「シュック」というような仙師の声を聴いた。

「もうよい。座相はなかなかよし。では、座を解け。これから、大本神の鎮座を願うことにしよう」

シュロ神仙は、説明しなくても、竹筒に籠められたご神体の意味はご存じであった。

大本のご神体を埋める

仙師は、北に向かって歩き始めた。小高い丘の上に着くと、そこにちょうど竹筒を入れるのにピッタリの大きさの穴があった。

「ここだ、ここに安置して、小石を積め」

言われたとおりに、大本のご神体を封入した竹筒を埋めこみ、小石で山を築いた。笹目は天津祝詞《あまつのりと》を奉唱し、「大本皇大神《すめおおかみ》、鎮まりましませ」と三度唱えた。

「これでご神体は快くお鎮まりくださったでしょうか」と聞いてみると、「任務が終わって、帰るべきところに帰ったと、神霊は非常なお喜びだ」と言われたので、身も心も軽くなった思いであった。

これが午後三時ごろのことであった。気がついてみると、この日は朝から一滴の水も仙人茶も飲んでいなかった。しかし、べつだん空腹は感じなかった。笹目の体は、食事を必要としない身に変容していたのである。

間もなく、鶴船がヒマラヤの雪峰からこちらに向かってくるのが見えた。今回は三羽である。

「仙師、単独で乗るのが許されるのでしょうか」

「そうだ、坎離印の鎮魂が見事だったので、特にお許しがあったのだ。修めれば修めただけの効験が即刻あるものじゃ。忘れてはならないぞ」

笹目は、坎離印を結び、雑念を捨てて鶴船に一人で乗った。そうすると、いつの間にか元のシュロ神仙の洞窟に戻っていたのだった。気がつくと、笹目は平伏し、仙師にお礼を述べていた。

「おかげさまで、重大な秘法を実践で学べました。この極寒に等しい山頂で、一椀の仙人食とわずかな水で泰然として暮らしたことは、本当に貴重な体験でした。深く感謝しております」

「そうか、それはよかった。だが、これに満足してはいかんぞ。汝は、これまでの足かけ十三年間、モンゴル族のカルマを背負って苦労してきたが、今後の十七年間は日本のカルマを背負って苦しむことになる。それに耐えられるように授けたのが、坎離印と呪文である。坎離の神秘は、さらに五十年の修行を経て初めて触れることができるのじゃ。やればやるほど多くの苦難に会うことになるが、日本のカルマの浄化のためじゃ。大いに励め。五十年後には、またここで会うことにするか」

仙師はこう言って、破顔一笑した――。

別れ際に、シュロ神仙は、水晶の球を五個手渡して言った。直径三センチほどの丸い紫水晶であった。

「この玉は、時が来れば皇居に埋めてもらいたい。新しい水晶の力を日本の中枢に埋め込み結界を張ることが、君の将来の仕事の一つになる。その時が来れば知らせるから、ちゃんと耳の穴を掃除しておきたまえ」

それが、笹目を送り出した仙師のはなむけの言葉となった。

日と月の精気を吸収する

「こうしてシュロ神仙から秘法を教わったので、そのあと、山を下って行ったがね、今でも、老神仙のにこやかな童顔が浮かんでくるよ。本当に貴重な体験だったなあ」

笹目老人は、下界の東京からやってきた三人に向かって言った。

ここまで話すと、奥多摩の笹目老人はふと立ち上がって、壁際の食器棚の扉を開け紫色の袱紗《ふくさ》を取り出した。袱紗を開くと、五つの紫水晶が現れた。

「これがシュロ神仙から授かった水晶だよ。サーヤさま、これを賢所に埋めてくれませんか。今日という日をこの水晶は待ち焦がれていたのですよ。三百六十九年前の元和三年に、天海僧正が江戸城の四隅に水晶の玉を埋め込み国運の隆盛を祈りましたが、その効力が切れてきている。再度、日本の力を復活させねばなりません」

「これがシュロ神仙の水晶なのですか。ムッツアタンゴの峰の太陽の力がこもった大事な水晶ですね。これはどういう風に埋めればよいのですか」

「四つの水晶は、賢所の四隅の地下に埋めてもらいたい。一尺ほどの穴を掘り、塩をまいた上に水晶を置き、備長炭の粉をかぶせるのです。残った一つは、賢所の真ん中にあたる地下に同じようにして埋めていただきたい」

「わかりました。大変貴重なものをありがとうございます。帰り次第、陛下にお伝えいたします」

サーヤさまは、ありがたく拝受し、紫色の袱紗を黄色いリュックに詰め込んだ。

「ところで、お話にあった離火印《りか》による鎮魂法を教えていただきたいのですが…」

クンダリニー・ヨガの実習をしている護衛官の山本が遠慮がちにお願いした。

「皆さんにも、許される範囲で伝えようか。きっと、皇居でも役に立つはずだよ」

笹目仙人は、三人に向かって言った。

「是非にもお願いします」

とサーヤさまも頭を下げた。

「まずは、左手を丹田に置き、右手の親指と中指をもって円を作り、人差し指をもってその円を中断する。その半円を顔の前にもってきて、その円の中に今昇り始めた太陽をとらえる。そうして、『ハル〇、ウム〇、ツヅ〇』と呪文を唱えながら、口の中に陽光を吸い込む。それを唾とともに飲み下す。これを三回繰りかえしたあと、両手を組んで太陽を額にとらえてしばらく鎮魂する。これが太陽の精気を食む秘法なのじゃ」

「それを続けていくと、どういう効果がありますか」と山本が質問した。

「真冬でもすぐに体が温まってくる。食べないで、閉じ込められることがあっても、一日に三分間でも太陽を仰ぎ見ることができれば、霊気を体に吸収することができるのだ。たとえやせ衰えても、はつらつたる精気を保ち、五

大岳山荘の笹目翁

体を養うことができるのじゃな」

「それは、左手で行う坎下印《かんか》とまったく対照的なやり方ですね。坎下印は月の精気を食む秘法と教えていただきました。すると、両手を合わせて行う坎《かん》離《り》印はどういう意味があるのでしょうか」

再び、山本が尋ねた。なかなかしつこい女性の護衛官である。

「坎離印にはな、右と左を合体して中心線を調えるという意味がある。そして意念を頭頂に置き、天の玄気を受けるということだ。そうしてある呪文を百八回唱える。まだ今はそれを教える段階ではないがね。そうして無念無想になると、透明な白い光に全身が包まれ、神人合一の身と成る。これが悟りを得るということだ」

「大本の教えにも似たような修法があったように思いますが、大本ではどのように説いていますか」

と男性護衛官の河野が尋ねた。

「坎《かん》は月のことで、大本ではミヅの御霊《みたま》をいう。離《り》は日を意味し、イヅの御霊のことじゃな。イヅ、ミヅの御霊を合体せしめて、イヅノメノ御霊とし、陰陽を清め、さらに陰陽の根本力を自在に吸収する方法といえよう」

「そういえば、ヨガにも脊髄のスシュムナーを取り巻くイダとピンガラという陰陽の管があり、それを通じて月と日の力を体内化する秘法が伝えられています。表現は違っていても、中身は同じように思われますが……」

「うん、その通りじゃが、頭でそれを知ったところで何の役にも立たぬ。お若いから、今後五十年間実行してみることじゃな」

「はい、やってみます。そのほかにシュロ神仙から教わったことはございませんか」

と山本がしぶとく食いついた。

「そう言えば、びっくりしたことがあったな。モヌマーハルの山頂で神仙と散歩しているとき、いきなり『欧州はいま大変な計画をしているぞ』と言われたことがあった。『ヒトラー、ムッソリーニ、スターリンらが魔の手先となって動いておる。汝の国のものも、彼らに踊らされてくるぞ』と指摘された。そのときはわからなかったが、やはり神仙はすべてお見通しであった」

「そうでしたか。ところで、笹目先生はせっかく苦労してコンロン山までたどり着いたのですから、山で修行して神仙のように千里眼を開いてみようという気持ちは起きなかったのですか」

「うん、その点は私もシュロ仙人に質問したことがある。山で修行するのと里で修行するのとどちらを選ぶべきでしょうかと。すると、仙師は、人それぞれに成道の道筋が決まっておる。汝の場合は、俗世間で修行することが神意にかなう道なのだ。汝は、世のため人のために尽くしながらも、その世間に裏切られ、そしられる。ほとほと、世の中も人間も何もかもいやになることがあるだろう。だが、それは試練なのじゃと指摘された」

「で、実際には、いかがでしたか」

「確かに、シュロ神仙の住むコンロン山を離れて、モンゴルに戻ろうとしたが、その途上で大変な苦労が待ち受けていたね。誤解されて牢獄につながれたり、散々な目にあったよ。しかし、そのたびに二人の仙人を思い起こすと、不思議に力が与えられた。これからそれについて話そうと思っていたところだ。しばらく聞いてくれるかい」

日本のカルマを背負う

コンロン山を下りた筐目は、再び半年かけて砂漠と草原を渡り、徳王府のある張家口に帰ろうとした。その途中で、黒い水を見つけて祖国のお役に立てればと考えた。

十二年前に白頭山のリョ神仙が告げてくれたことが耳にこびりついていた

のだ。
「日本は、まもなく満州の地に国家を建設しようとしているが、これが遠因となって、さらに十年ののちには、日本が滅亡の淵に叩き込まれるような戦争が起こる。それを防ぐには、黒い水を見つけることじゃ。そして、その道程で、そなたは日本のカルマを背負うて、塗炭の苦しみにあうことになる」

リョ仙師が告げたとおり、日本は、昭和七年に五族協和を掲げて満州国を創設し、皇帝に満州人の愛新覚羅溥儀《あいしんかくらふぎ》を据えた。これが遠因となって「日本が滅亡の淵に叩き込まれるような戦争」が起きるが、それを防ごうとすれば黒い水を発見しなければならない。

黒い水というのは、言うまでもなく、原油のことである。コンロン山に旅する途中、丘のところどころに黒いアスファルトが固まっているのを見つけたから、帰り道にはその付近を探索してみようと思った。

ところが、山を下りて二日目、回教徒の哨戒所があり、ラマ僧に扮した笹目はそこで捕らわれの身となってしまった。蒙古族の弱体化に伴い、いつの間にか回教徒たちが侵入し拠点を設けていたのだ。

何の罪もないのに、いくつか監獄をたらいまわしされた。彼らの目的は、金であった。裕福なラマ僧と見てとったらしく、「三千両の銀貨を出せば、監獄から出してやる」と言われたがはねつけた。

監獄の中では、病気の囚人を治してやったり、手相を見て囚人たちの出獄の時期を予言してぴたりと当てたりしたので人気者になった。しかし、いつまでも監獄の中にいるわけにいかないので、実は蒙古人ではなく、日本人のラマ僧であることを訴えると、調査したと見え、二か月半後には出してくれたが、予期せぬ足止めであった。結局、張家口に帰りついたのは、九か月後のことであった――。

「お話の途中ですが、その帰路に黒い原油を発見できましたか」

しびれを切らせた、せっかちの河野が質問した。大事なポイントを早く聞き出したかったのである。

「うん、青海（タングート）の八宝という場所に石油資源を発見したよ。それからハルビンとチチハルの間に位置する丘陵にも、黒いアスファルトがたくさん露出していた。また、パインボグド山の斜面に高品質の磁鉄鉱が露出しているのも見つけた。それは当時の需要を百二十年分まかなうことのできる量だった。青年実業家であった今里広記氏に連絡すると、奔走してくれてね、中国と共同開発をしようと関東軍に働きかけてくれた」

「それで首尾よく開発に至りましたか」

広大な満州国

「ところがね、砂漠地帯を横切る輸送路の建設が大変と見たのか、結局、陸軍は南方の石油資源の奪取にのめりこんでいってしまった。インドネシアの石油を支配していたオランダを攻撃したのが、大東亜戦争の始まりだったね。戦後は、我々の情報に基づいて、中国が採油し大慶《たいけい》油田などが開発されることになったが、いまから振り返ると残念なことだったなあ。

それればかりではないよ。我々は、もっと広大な計画を立てていたんだ。オルドス蒙古を湾曲する黄河にダムを作り、発電所を建設する。その電力で蒙疆を工業化しようという遠大な計画だったが、それもこれも南方進出で水泡と消えてしまった。今も昔も、電力と鉄と石油、この三つが国の工業力を決めるバロメーターだね」

「その計画の挫折も、国のカルマだったのでしょうか。人に特有のカルマがあるということは、聞いていますが、日本という国にも背負っていかねばならないカルマ、業《ごう》というものがあるのでしょうか」

「最初、リョ・リンライ神仙から日本のカルマという言葉を聞いたときは半信半疑だったが、いま振り返ってみると、やはり厳然としてあったね。私は、日本のカルマを背負って苦しい年月を送ることになった。霊界には霊界の因果の法則があるように、国家にも国の混乱と変動を招く因果の法則というものがある」

「それをぜひ教えてください。日本の国の因果の法則を」

と日本の近代史を勉強していた河野が懇願した。

天地公事の定めとは

姿勢を崩さず背筋を伸ばしたまま、笹目老人が次に語った事柄は、驚くべき内容だった。

「これは天界の定め事であって、いまは決して他言してはならない」とリョ神仙から釘を刺されていたが、「もう六十二年も経《た》ったので許されるだろう」といって笹目老人が話した内容はおおよそ次のようなものだった。

国々の歴史の順路というものは、天界においてあらかじめ定められている。いわゆる天界には、高貴な神霊たちの住む高級神界から一般の亡者たちが集まる下級の幽界まで無数の段階があり、それぞれに役目があるが、歴史を方向付けるのは、高級神界である。高級神霊の合議を通じてこの世に派遣された人物が、重要な歴史の転換点で天意を受けて活動することによって、維新や動乱が起きる。戦争が始まり、和平が訪れ、バブル景気と大不況が循環する。

これを「天地公事という」とリョ神仙は語った。見えない天の世界と見える地上の世界の共同作業によって、全体の方向が決まるという意味である。
西洋の学問では教えようとしないが、愚かな人間の活動だけで、歴史が進展するのではない。歴史の背後にいわば裏歴史というものがあり、裏歴史は神霊たちや神霊と交流しうる霊能をもった人々によって形作られていくのである。裏の歴史と表の歴史が絡み合いながら、人類史というものが形成されていく。

もちろんこれには、重大な条件があって、裏からメッセージを受けた地上の人々がじっくり熟慮し、その時と所と順序を間違えないことが肝心である。時を誤ると事はならず、所を誤ると失敗し、順序をまちがえると混乱が生まれる。

「そうすると、明治維新以来の日本の歴史は、天界でどういう風にさだめられていたのですか。そして、戦後の日本はこれからどんな方向に進むのでしょうか」

せっかちの河野は結論を聞きたくなって、笹目老人に尋ねた。

「明治維新がなったとき、朝鮮は清国に朝貢する弱小の属国であったね。しかし、強大なロシア帝国が南下し、朝鮮を手中におさめ、あわよくば開国したばかりの日本を飲み込もうとした。そこで、天界は会議を開き、歴史の進行と支配者の順序を決めようとした。

その結論は、東アジアでもっとも資質にすぐれ団結力のある日本に一時支配を任せ、東アジアの復権を図るというものだった。そこで、日清戦争と日露戦争において、日本を勝たせ、そのあと朝鮮を併合させて半島を発展させるという天地公事を定めたのだよ」

「なるほど、李朝の搾取で疲弊した朝鮮を近代化させるため、植民地ではなく、併合地としたわけですね。イングランドがスコットランドを併合して連合王国を創ったのと同じですね」と近代史に詳しい河野が言った。

「いかにも、併合というのは、植民地政策とまったく違うもので、日本の犠牲において、朝鮮の近代化をはかるという政策だった。植民地では、支配国は原料などを収奪するばかりだが、併合は内地化するという意味だから、日本人が莫大な税金を注いで、学校と病院を作り、道路、港湾、ダム、電力網、水道網を整備していったのだよ。それもこれも、対露防衛を急ぐためだった」

「で、そのあとはどうなるのですか」

「天地公事によると、日本に朝鮮を併合させたあと、二度目の日本とシナの戦争が起きるという定めになっていた。最初の戦争は海上であったが、今度は兵站線の長い内陸部で戦われるので意外に長期化して日本は国力を疲弊させることになる。

このとき、勢いにまかせて戦端を東に向けることなく、西南方だけに集中するなら良いのだが、もし東に向かうなら日本は戦争に負け、朝鮮とシナから何もとれず素手で引き上げることになる――。そして、朝鮮とシナは、日本の遺した莫大な産業基盤を受け継いで発展していく、これが定められた厳然たる東アジアの天地公事だったのだよ」

ここまで一気に話したあと、奥多摩の山小屋で笹目老人は、感慨深げにふうっと大きく息を吐き出した。六十二年前のなつかしい情景がよみがえり、万感胸に迫ってきたようだ。つづけてサーヤさまと護衛官に向かってこう語った。

「若いお三方《さんかた》は、戦前の日本の事情は詳しくはご存じないだろうが、かいつまんで言うと、我が国は英米の仕掛けた罠にはめられ、東の方向、真珠湾に攻撃を仕かけることになった。

どんなに侮辱されてもそこはじっと我慢して臥薪嘗胆《がしんしょうたん》し、万里の長城より南の固有シナ――英語ではチャイナ・プロパーと呼ばれる地域から兵力を引き揚げ、早く満州に撤退しておけばよかったものをね。

血気にはやる日本は、日本人移民の禁止などの人種差別にいきどおり、対日石油輸出の禁止に至る経済制裁をしかけてきた覇権国家英米の偽善に我慢できず戦いを決意した」

笹目老人は続けて語った。

「そして、支那義勇軍に偽装したアメリカ人飛行士が登場するに及び、ついに堪忍袋の緒を切らし、真珠湾攻撃を行うことになった。先制攻撃は、フランスやスペインと戦った米軍の伝統的な戦術であったからね、これを真似しても問題なかろうと踏んだわけだ。こうして、とうとう『東に向かうと負ける』という仙師の語った最悪の天地公事が完成することになったのだ。どれ、喉が渇いただろう、二杯目のお茶を進ぜよう」

笹目老人は、右手に手袋をはめ、自在鉤につるした鉄瓶の取っ手に手を伸ばした。赤銅色を帯びた鉄瓶の蓋はチリチリと音を鳴らし、蒸気を吹き出している。

「それで思い出しました」と河野が口を開いた。

「神武天皇は大和を攻略するとき最初は摂津から東に向かって攻めたので負けましたが、いったん熊野に迂回し、熊野から西北に向かって攻撃を開始したので勝利をおさめたわけですね。日本が東に向かって真珠湾を攻撃したのが、重大な敗因だったわけですね」

「そのとおり。日本は、欧米から近代化の手法と技術を学び、うまく欧米帝国主義の真似をしてきたが、彼らと正面切って戦うとなると、その奸智と策略の術中に陥ることになる。善良な日本人は、謀略と戦術に長けた英米のように悪になり切れないからね。

だが、英米以上に悪辣な陰謀をめぐらす国がいたんだ。それはソ連だった。ソ連は、ルーズベルトの配下に工作員を置き、日米が対決するように仕向けていった。先の戦争の真の勝者は、アメリカではなくソ連だった。スターリンが勝ったのだね。そのことについては、次回に話すことにしよう」

第五章

極寒のシベリアで

——太陽の精気をのみ込んで生き抜く

ソ連が中立条約を破棄

「天地公事」の意味を教わった皇居の三人は、その日は日暮れが近づいたので切り上げ、十二月半ばに三度目の訪問をすることになった。
標高千二百メートルの大岳山頂上の気温は日中でも零下であり、岩場にはところどころ氷が張っていた。ヤマモミジはすっかり葉を落とし、笹目仙人の住む山小屋の軒先には、ツララが垂れ下がっていた。仙人は、相変わらず囲炉裏のそばで端座していた。

「前回は、真珠湾攻撃まで教えていただきましたが、その後の笹目先生のお働きについてお聞かせ願えませんか。日本のカルマを背負って歩まれたその裏歴史を教えていただきたいのです」

近代史に関心のある河野護衛官が、丁重にお願いした。

「いま思い返すと、わしにとっての重大な転機は、昭和二十年五月だったなあ。この日から、十一年間の苦難が待ち受けていたんだな。当時はまったく予想もしなかったシベリア行きが待っていたんだ」

そう言って、笹目老人が語った話は、涙なくして聞けない長い、長い物語であった。


昭和二十年五月二十五日は、B29爆撃機が四百機以上の大編隊で東京に焼夷弾爆撃を加え、一面の木造家屋をめらめらと嘗《な》めつくした日であった。日本の敗色は、日ごとに募っていた。

茨城に疎開していた笹目は、翌日、どうしたことか、急に陸軍省の永井軍務課長から呼び出しを受けた。出頭してみると、「君の興安牧場に持っている家畜を至急満鮮国境に移動してくれないか」という依頼であった。理由は明かさなかったが、いろいろと調べてみると、ソ連がいきなり日ソ中立条約を破棄する旨の通告をしてきたことがわかった。

ソ連は、条約を破棄して満州に侵入する構えだなと読めた。しかし、国際法上は、なお一か年の有効期間があるので、侵攻は二十一年四月ごろであろう、それまでに兵力を満鮮国境に移動して防御陣地を築きたいが、それには、兵士たちの食肉が必要なので牛と羊を移動してもらいたいという要請であった。


その話を聞くと、笹目の義侠心がむくむくとわいてきた。

関東軍の満蒙政策には協力しなかったのでさんざん痛めつけられてきたが、お国の重大事であるからには、損得抜きでやり遂げようと決意した。

そこで機雷が投下されていた日本海をなんとか無事に渡りきり、七月中旬に関東軍司令部のある新京に着いた。新京の一番眺めの良い場所に、笹目の邸宅があった。一千坪の敷地に約百坪の屋敷を構えていたが、それは相談にやってくるモンゴル高官などの宿舎として用意していたものであった。

笹目の牧場は、新京から西北に鉄道で約十時間、そこからさらに百キロ興安嶺に入ったところにあった。八十万ヘクタールに十万頭の牛羊を保有し、三百町歩の農地で穀物も自給、酒・醬油の醸造も始めて自給自足の体制を整えていた。柳の生い茂る川端には、シラサギが羽を休め、遮るもののない広大な草原には羊がのんびり草を食んでいた。

こうして政府に頼らず独自にモンゴルとの融和を図り、高圧的な関東軍の指示にも従わなかったが、ソ連の侵攻となってはやむを得ない。無償で毎日一千頭の牛を貨車に積みこみ、満鮮国境の司令部まで送り出す作業を開始した。モンゴル人の牧夫たちも炎天下で朝から晩まで懸命に働いてくれた。

ところが、運命の八月九日、思いもよらぬニュースが飛び込んできた。ソ連の戦車部隊が、満州に侵入を開始したというのである。来年四月までは条約の有効期間があるからそれまでは大丈夫だろうという参謀本部の甘い読みは、はかなく潰れてしまった。

翌十日、興安の町は大混乱に陥った。家財道具を馬車に積んであたふたと移動する者、屋根の上まで鈴なりの列車にしがみついて逃げようとする者らで大騒ぎであった。官公所に伺うと、もぬけの殻であった。日本人の官吏は、いち早くみな家族を連れて逃避行を開始していた。残っていたのは、モンゴル人の下級官吏だけであったのを見て、笹目は愕然とした。

この広大な満州平原の炎天下をどうやって朝鮮まで逃げ切るのか、その間の水と食料を考えると、逃避行は愚策に思えた。笹目は肚をすえ、二十人余の日本人とともに興安の牧場事務所に籠城し、ソ連軍と交渉するほかないと考えた。

十三日、ついにソ連の戦車部隊が興安に侵攻、三年前に建設されていた壮大な興安神社は放火され、親しかった宮司は射殺された。こうなったら、門扉を閉ざして一切を天命に任せるほかないと覚悟を決めた。白頭山とコンロン山の神仙を思い起こし、「大難を小難に変えさせたまえ」と祈り続けた。
残念なことに、ソ連侵入の声を聞くと、官公所の官吏たちは地方開拓民を顧みず、いちはやく逃げ出し、次いで特務機関と軍隊が逃げ出した。悲惨な目にあったのは、善良な開拓団であった。あちこちで日本人狩りが始まった。避難しようとした開拓団は、途中で漢人や満州人らに襲撃され、衣類も現金もみな略奪された。若い女性たちは、どこかへ連れ去られた。住人のいなくなった日本人家屋は侵入され、ベッドも窓ガラスもレンガもすべて持ち去られた。一日で満州は、無法地帯と化していた。

八月三十日、笹目ら籠城していた日本人はソ連軍の取り調べを受け、笹目のほかは釈放された。笹目だけ、日本の敗残兵を収容しているモンゴル軍の兵営に連行された。どうやら取調官は、笹目は関東軍の手先として軍隊用の牛羊を管理していたと誤解したようだった。笹目は民間の牧場経営者であって、まったく軍と関係ないからここに収容されるのは理不尽と抗議したが、

ソ連の侵攻経路と
旧満州国
鉄道は一部を省略
ソ連
シベリア鉄道
サンベース基地跡
マタット基地跡
タムスク基地跡
満州国
ハイラル
チチハル
葛根廟
ハルビン
新京
通化
朝鮮
大連
ハバロフスク
虎頭
ウラジオストク
第2極東方面軍
第1極東方面軍
ザバイカル方面軍

ソ連軍の侵攻経路

取調官は聞く耳を持たなかった。

臭気漂う豚小屋のような狭い収容所に送り込まれたが、すでにそこには多数の負傷兵が横たわり、手当ても受けないまま、うめいていた。八月十五日に日本が降伏したというニュースは、彼らの耳にも届いていた。

寒い暗闇の中で、笹目は静かに考えた。

（自分が理由もなく収容所に入れられたということは、何らかの天意があるはずである。お前が行って捕虜を助け、捕虜とともに生き抜けと天命を授けられたのではないか）

（しかしどうすればよいのだ。兵士たちを救いだす道を教えたまえ）

笹目は白頭山とコンロン山の神仙に必死に祈念しつづけた。

日本人捕虜を救うことを決意した笹目は、さっそく得意のモンゴル語を駆使して、モンゴル人の看護兵と連絡をとった。負傷兵の治療のため医師の派遺を要請し、粗末な粟《あわ》飯や高粱《こうりやん》飯の改善を訴えた。開拓団の農場で栽培していた白菜、キャベツ、大根、トマトなどが残っていることを知らせ、その収穫も交渉した。

こうして野菜の収穫は許され、捕虜たちは楽しみながら収穫し、おかげで体力がめきめき回復していった。さらにソ連軍の将官と交渉し、笹目の保有していた羊と牛を捕まえて、捕虜用に供給することもできるようになった。

しかし、収容される捕虜の数はますます増え、十月半ばに数えてみると三百六十名に膨れ上がっていた。

祖国に帰れるのか

十月三十日、夕食を終えて休んでいたときであった。ソ連軍将校が急にやってきて、「いよいよ帰る日が来たぞ。急いで集合しろ」と命令した。

「この寒空に、夏のおんぼろ姿でどこへ連れて行こうというんだ。まず、冬用の被服を出せ」と抗議したが、

「貨車にはストーブがたいてある。チチハルに行って被服を支給し、帰還隊の編成をする。そのあとウラジオストック経由で帰還するのだから我慢して行け」と追い立てられた。

いきなり貨車に乗せられた兵士たちは、二日分の食糧として、丸い大きな五キロの黒パンを支給された。ウラジオまでという二日間の窮屈な旅を覚悟し、ストーブを囲んで仕方なく発車を待っていた。

「おお、動いたぞ！」

ゆっくり汽車が動き始めたのを感じて、皆はどよめいた。

「とうとう帰るんだぞ、祖国へ！」とはしゃぎはじめた者もいた。

しかし、窓もない貨車に詰め込まれているので、どこをどう走っているのか外を確認することもできない。汽車が動き出すと、次第に疲れが出てきて、

カタンコトンという心地よいリズムに乗って、眠気に誘われ、ほとんどが眠りに落ちていった。

やがて、機関車が速度を落とし、がくんと停車した衝撃によってみんな一斉に目を覚ました。外に出て用を足せと命じられた。線路わきに尻をまくって、落とせるものは落とした。停車した場所は白城子《はくじようし》という駅で、どうやら北のチチハルに向かっているらしいことがわかった。

ここで、何人かの兵士たちは、だまされたのではないかと気づき始めた。日本に送還するなら、南下して大連に向かうのが早いはずだ。大連なら、数万の捕虜を収容できる学校などの施設もあり、大型の帰還船を接岸できる埠頭もある。北方に向かっているのは、どう考えてもおかしい。

笹目は、貨車のストーブのそばでじっと考えこんだ。

(不可侵条約を破って侵入したソ連は、満州国の機械設備を奪取し、あわせて関東軍六十万人の兵員を確保することを狙っているに違いない。ソ連は四年にわたる対独戦で男子が足りなくなったから、日本兵を復興の労働力に使うつもりではないか。だとすると、そう簡単には帰してくれないはずだ）
貨車の扉は再び閉じられ、北進していく貨車のなかで兵士たちは言葉を発する気力も失い、ただ眠りにつくほかなかった。ときどき排便のために汽車は止まったが、冷気は一段と寒く、用を足すとみな震え上がって車内に飛び込んでしまった。

次に扉が開いたのは、翌十一月一日の朝方であった。ついにチチハル郊外の駅に着いたらしい。「ダワイ、ダワイ（出ろ、出ろ）」というソ連兵の叫び声に追い立てられ、チチハル城内の兵営に入った。温かい白米の粥とみそ汁と梅干を与えられ、ホッと一息ついた。食事が終わると、新しいシャツとズボン下と新品の兵服が配られた。それまで乞食のようなぼろぼろの衣服をまとっていたので、みな喜んだ。防寒帽と手袋、背嚢《はいのう》それに二枚の毛布を与えられ、やっと人心地がついた。

(やはり、ウラジオ経由で帰還させるという話は本当ではないのか。だから、こういう厚遇をしてくれたのではないか)

一同は、希望に満ちた話を交わしながら、はしゃいでいた。笹目は民間人であったから兵服ではなく、分厚い満州服を着ていた。


やがて、満州各地で拘束された兵士たちも集合し、彼らを含めた全員の帰還隊を編成するという触れ込みで、その隊長が任命された。千四百名をもって十四大隊を編成、大隊は十個中隊に、中隊は三個小隊に、各小隊は三個分隊に編成された。

十四大隊が広場に集合し、大隊長に任命された加藤少佐が壇上に上がってあいさつした。

「ソ連の命により、不肖加藤が本大隊の指揮をとることになった。我々は、ソ連の恩情により、これからウラジオ経由で祖国に送還されることになった。

貨車輸送ではあるが不便を忍んで、静粛に秩序ある行動をとってほしいと望むものである」

全員は停車場に向かって粛々と行進し、待機していた貨車に乗りこんだ。まもなく扉が締まり、ガチャンと外から鍵がかけられた。五時間ほどたったころハイラルに着いた。紅茶がはじめて配られ、塩味のきいた鮭をかじりながらパン食をとった。二時間ほど停車すると、また扉が閉じられ、機関車の入れ替えが行われた。

一同は、耳を澄ませて入れ替えの音を聞いていた。機関車が一台ならば、予定通りウラジオに向かうだろうと期待した。ところが、しばらくすると二台目の機関車が最後尾に連結するガクンという衝撃音が聞こえたのである。

機関車を二台も連結するということは、山を越えていくことを意味した。千四百人を満載した五十両の貨車が西の興安嶺を越えていくには、二台の機関車が必要であった。北のウラジオに向かうなら、平地だから一台で十分である。

やがて、汽笛一声鳴らして、貨車は西に向かって上り坂をゆっくり走り始めた。この冷酷な事実を悟って、兵士たちは地団駄踏んで悔しがった。

「畜生、だましやがったな！」「汚い露助め！」

兵士たちは、こぶしを固めて、貨車の床をたたき、鉄の壁をたたいた。兵士たちは、もう人間ではなく、運ばれていく一塊の貨物に成り下がったことを知った。

貨車は、ようやく国境の町、満州里に着いた。

「祖国帰還」という希望を餌《えさ》にして、一人の逃亡者も出さず、よくぞここまで引きずってきたものだと笹目は感心した。もうこの辺で、「捕虜として労役に服するものと覚悟しよう」と、笹目は周りの兵士たちにぼつぼつ語り始めた。

「よくぞ、だましたな」と小隊長に食ってかかるものもいた。だが、小隊長もだまされていたから、返事のしようがなかった。そんなとき、笹目が乗り出して、順々と諭していった。

「いいかい。人の運命は、それぞれ持って生まれたもので、隊長のせいでもない。国のせいでもない。君も南方に行っておれば、もう死んでいたかもしれないね。抹香臭《まっこう》いといわれるかもしれんが、みんなの命は、何千年前から己が作り上げた結果としての命なのだ。そのことをいきなり理解するのは無理だから、これからの捕虜生活の中でゆるゆると説き聞かせてやろうじゃないか」

こういうと、小隊長に食ってかかったやくざ風の古兵も黙ってしまった。

こんなイザコザが、車内で演じられながら、さらに三時間ほどすると汽車は思いがけず停車した。チタ郊外のチェリノフスカヤという小駅であった。

炭鉱以外に何もない町である。

全員降ろされ、二時間くらい歩かされて古びた兵舎に着いた。大隊全員を前にして、加藤少佐が壇上に立って一言述べた。将官らしく、顔色を変えず、淡々とあいさつした。

「祖国復帰とだまされながら、とうとうチタ州の炭鉱地帯に送られてしまった。いうまでもなく、捕虜として炭鉱労働を強制されるものと思う。お互いに、力を合わせて健康に留意し、帰還できる日までがんばろうではないか。日は暮れても、必ず朝日は昇るのだ！」

大隊長の加藤少佐としても、これ以外に言う言葉は見当たらなかった——。

ここまで語ると、笹目老人は後ろの棚から茶菓子を取り出して、宮中から来た三人にすすめた。好物の塩

整列点呼（平和祈念展示資料館）

せんべいであった。しかし、誰も手を付けようとしなかった。

見ると女性護衛官の山本の眼に、涙があふれていた。山本は、涙を振り払うように声を絞り出して言った。

「笹目先生、移動中に、逃げ出すチャンスはなかったのですか。モンゴル語がおできになったのですから、何とか逃げだしてかくまってもらうことはできませんでしたか」

「うん、一度だけそのチャンスがあったなあ。ハイラル駅に到着したときだった。ハイラルには、兄弟の契りを結んだ親友、ゲンシンジがいる。彼ならかくまってくれるだろうと思い、警備兵のいないのを見定めて、何食わぬ顔でホームから柵外に出た。勝手知った道を十五分ほど歩いて、ゲンシンジの家にたどり着いた」

サーヤさまたちは、ここで笹目の次の冒険談が聞けるかと、興味の眼《まなこ》を見開いた。

「ところがね、玄関の戸を叩こうとしたときだった。『ハッハッハア』と高らかな笑い声が耳に入った。それは聞き覚えのある声だった。確かにシュロ神仙のお声だった。（神仙、お助けください）と念じると、また『ハッハッハア』という笑い声が聞こえた」

「それは、どういう意味だったのですか」

と河野護衛官が膝の上のこぶしを握りしめながら質問した。


「シュロ神仙のお声でわしは目が覚めたのだね。捕虜仲間を放っておいて、お前ひとりが逃げるのか。理不尽といえども、捕虜とともに生活し、ソ連の実情をつぶさに知るのがお前の役目ではなかったのか、神仙の笑い声はそういう意味だとわしは一瞬のうちに悟ったのだ」

そう気がついた笹目は、玄関を叩くのをやめ、急ぎハイラル駅への道を引き返した。さいわい貨車は、水の補給のためまだ止まっていた。満州服の笹目は放尿のふりをしてから貨車に乗り込んだが、彼を見とがめる警備兵はいなかった。

「それにしても、ソ連軍のやり方は汚いですな。うまくだまし通して、一網打尽にするとは」

河野が、憤った表情で声を荒らげた。笹目老人は、それをいさめるかのように淡々と語った。

「約束や条約というものは、破るためにあるというのが、ソ連や共産中国の考えなのだよ。はじめのうちは約束や条約を守るふりをしておいて、破ったほうが都合がいいとなると、恥も外聞もなく捨て去る。それは律儀でお人よしの日本人には、とうてい理解できないことだね」

そういって笹目老人は、囲炉裏に新しい薪《まき》を継ぎ足した。燃え盛っていた薪が、バチッと鋭い音を立てて、火花を散らした。

炭鉱労働にこき使われる

笹目が入れられたチタ州の収容所は半地下の建造物で、中に入ってみると板張りの二段ベッドがあるばかりであった。

だが、十メートルの板張りに三十名が詰め込まれたから、あおむけに寝ることもできない。一斉に方向をそろえて一晩中横向きに寝るほかない。これがいわゆる計画経済のソ連のすばらしい「計画」なのか、と笹目はいぶかった。

こうして第一夜は、誰もが寝付けず睡眠不足に陥った。翌日からは、寝不足の腫《は》れぼったい顔をうなだれて、警戒兵に引率され、とぼとぼと炭鉱に向かった。

笹目は坑道でツルハシをふるって手掘りする役を与えられた。このころのソ連は、まだ原始的な手掘りだったのだ。笹目はまだ体力が残っていたので作業は思いのほか進み、監視兵が「ハラショー」と言ってほめた。

運搬機械もなく、作業は掘り出した石炭を背負って運搬する者、貨車に石炭を積みこむ者に振り分けられた。五時までくたくたになって働かされ、地上に出てきたときはほっとして新鮮な空気を大きく吸い込んだ。

食事はパサパサした粟か高粱の飯であった。粘り気がないのでスープが必要であったが、スープといって出されたのは野菜も肉もない塩の入った湯にすぎなかった。その塩湯を飯盒の蓋《ふた》に入れて飲むほかなかった。捕虜たちは消化できない雑穀を食べてつぎつぎ下痢を起こし、次第に健康を崩していった。

収容所の内部（平和祈念展示資料館）

一か月経つと、みるみる体重が減り、ヒョロヒョロと力なく歩むものが増えてきた。笹目も八十キロあった体が二十キロやせた。夢遊病者のようにあてどなくうろつく者が現れ、うわごとを言う精神病者が増え始めた。
一か月半も働き続けて、入浴も洗濯も許されなかった。たまに手桶二杯分のお湯が支給されただけであった。こうして、汗と脂にまみれた一枚の下着は南京虫の巣窟となり、取ってもとってても取り切れない。寝ている間も、南京虫の来襲になすすべもなかった。夜中に隣の兵士が死亡すると、南京虫の集団は温かい体を求めザワザワと音を立てて、一斉に笹目のほうに移動した。

兵士たちは極端な栄養失調に陥ったが、それに加えてどこからか発疹チフスが広まり、翌年の正月までに数百人の死者が出た。笹目の属する第二中隊も、当初の百二十名のうち七十名がこうして死んでいった。死者が出ると、ソ連兵は馬ゾリで運び、零下四十度の厳冬下で凍りついた死体を近くの丘に積み上げていった。死体は小石も同然であった。春に氷が溶け出すと、狼どもの餌食になった。

一番怖いのは凍傷だった。手足の感覚がなくなり、血流が流れなくなるため、手足を切断せざるを得なくなった兵士たちも続出した。

ソ連兵には、捕虜に対する憐憫《れんびん》の情というものはひとかけらもなかった。不衛生な状態で満足な食事と睡眠を与えなかったために、せっかく確保した屈強な労働力の半数を失ってしまったのである。その結果、石炭採掘のノルマを達成できなかったが、それも疫病や凍傷が原因と報告すれば、彼らは免責されたのである。


幸い春になると、長いひげを蓄えた笹目は、四十四歳という実年齢よりも老けて見えたせいか、小規模の発電所のわきでトマト、キュウリ、キャベツなどの野菜を栽培する仕事に回された。こうして、発電所周辺で働く現地人たちの生活ぶりをじっくり観察し、ソ連の共産社会の実態を垣間見ることができた。

観察したところ、現地の息子たちは裕福であっても、親は国家が面倒を見るという建前なので貧乏な親の面倒をみようとしなかった。貧しい妻はチーズと洋服欲しさにどんな男とも寝ていた。共産社会では、「親子」や「家庭」というのは旧観念であって清算すべきものとみなされていた。むろん、親孝行という考えはなく、夫婦の貞操という観念も希薄であった。

また、ソ連社会では個人に利益追求は認められず、集団農場で平等に働き、平等に受け取るものとされた。その結果、適当にノルマさえ果たせば手を抜いてもかまわないという風潮が広まり、収穫はみるみる落ちていった。こうしてみると、貧乏の平等化とモラルの欠如が、共産社会の行き着く先ではないかと笹目には思われた。

日本も敗戦の結果、共産思想が広まるならよほど注意して、これを撃退せねばなるまいと彼は思った。しかし、戦後の日本がどうなっているのか、情報はまったく入ってこなかった。

笹目は抑留中に、シベリアに送られた白系ロシア人やウクライナ人に会ったことがある。革命に協力しなかったロシア人や反抗したウクライナ人たちも、共産社会の敵とみなされシベリアに強制収容されていた。かわいそうに、ウクライナ人は男だけでなく、残った婦人、子供、老人もみなシベリアの収容所に送られたのである。移送されていく疲れきった哀れな一団の姿を見て、抑留中の兵士たちは助けてやることもできず、涙を流して見送るほかなかった。

壁に囲まれた強制収容所の模型（平和祈念展示資料館）

マルクスを研究しないか

炭鉱生活も二年目の厳しい冬に入った。

「帰還船のお迎えがなかなか来ないのは日本に船が足りないからだ。もうしばらく待っておれ」

「作業成績の優秀なものから先に返してやるぞ」

といった宣伝文句につられ、なんとか生き延びてきたが、厳冬の訪れとともに先の見えない不安が捕虜たちの胸に迫ってきた。体の弱いものから倒れていったが、はたして二年目の冬は何人が生き残れるかと切実に感じ始めた。

さいわい笹目は、まじめな仕事ぶりが評価されたのか、十一月から湯沸かし勤務に回され、疲れてやってくる作業員にお湯を飲ませる楽な役を与えられた。顔面神経痛の持病を持っている笹目にとって、それは温室生活のように快適なものだった。ひげを長く伸ばしていたのは、神経痛の痛みを和らげるためだった。

一週間ほどすると、流暢な日本語を話すペジコフ中尉というものが突然やってきた。

「あなたに相談があってきましたが、受け入れてもらえますかどうか」

ペジコフ中尉は、気味が悪いほど、丁寧な言葉遣いで言った。

「何でしょう」

「ササメさんは、モスクワに行ってマルクス・エンゲルスの哲理と共産党史の研究をやってみる気はありませんか」

「さあ、それはもっと若い人に頼むべきで、私のような老境に入ろうとする者の手がける仕事ではありませんよ」

「いや、若い人にはその素養がないのです。あなたは、東京帝大の哲学科に学ばれたのではありませんか」

「哲学科に籍は置きましたが、私が学んだのはシャーマニズム（精霊信仰）の聴講生として三年間講義を聴いたというだけのことですよ」

どうやら、東京のソ連大使館で笹目の経歴を徹底的に調べあげたらしい。そうか、自分を協力者として仕立て上げるために、湯沸かし勤務という楽な部署に回したのか、と気がついた。断れば、また炭鉱勤務に回されるかも知れない。しかし、この際に、はっきり態度を表明しておかねばならないと思った。

「ペジコフさん、私の学んだ道は唯心哲学でしてね、マルクス・エンゲルスの唯物論的弁証法をあらためて研究しようという気持ちはまったくありませんよ」

「ササメさん、近い将来において地球上はすべてマルクス・レーニンの思想に覆われるときがやってきますよ。いまから準備されると、敗戦後の日本において先駆的な指導者の地位を得るようになるとお考えになりませんか」

「ペジコフさん、ご厚情は深く感謝します。私の考えでは、いま人類は堕落しきっていますが、それを本来にもどすための過程として、マルクス・レーニンの哲理が登場したのであって、究極のものではないと思いますよ」

「なんと、一つの過程に過ぎないと言われますか。それでは、究極の本命があるというわけですね」

「はい、唯物論的弁証法は、たかだか五、六十年の人生を楽しもうという個人主義的な思想であって、私はそのあとに来るべき唯心論的弁証法を説こうとしているのです。これは百年後にやっとわかってもらえる思想かもしれませんがね」

「ううむ、そうですか。そういう考えなら、あなたをシベリア民主運動の指導者と仰ぐことは、あきらめるより仕方がないかもしれませんね」

ペジコフ中尉は、事情を呑み込み、弱音を吐き始めた。

「そうなされるのがよいですね。ほかに若い指導者を物色されたほうがお役に立つと思いますよ」

「では、あなたのモスクワ行きはあきらめますが、チタの主《おも》だった収容所では民主文化部を開設し、壁新聞を発行しています。この収容所でも、文化部を置いてあなたに指導してもらえないでしょうか」

「先ほども申したように、私のごとき老体が出る幕ではありません。もっと若い人に担当してもらってはいかがですか」

中尉はやっとあきらめて帰っていったが、責任あるソ連将校に対して、拒絶の宣言を発した以上は、前途にいばらの道が控えているものと覚悟した。

「民主裁判」にかけられる

昭和二十二年の新年を迎えると、三月から「ダモイ（帰還）がはじまる」という噂が回り始めた。「民主主義を身につけたものから先に帰す」という噂であった。

笹目の収容所でも、急に文化部が設置され、壁新聞が食堂に張り出された。ところが、読んでみると、「民主主義とは何か」を教えるようなものはなく、「ソ同盟」（ソビエト連邦）は、われら勤労者の祖国であるから、その生産向上のために懸命に働くのだ」という檄文がほとんどであった。中には、旧幹部を批判したり、こき下ろしたりする内容もあった。醜い同胞のつるし上げは、ばかばかしくて読む気もしなくなった。

四月になると、笹目の部隊は半分に分けられ、笹目を含む三百五十名は十六分所という作業場に、残りはブカチャーチャ炭鉱送りとなった。十六分所も、主な作業は炭鉱掘りであったが、長いあごひげを蓄え年齢以上に老けて見えた笹目は、ジャガイモ倉庫の作業員に組み入れられた。それは炭鉱掘りに比べれば非常に楽な仕事であった。

十六分所では、「党史研」と称する共産党史の研究活動が活発に行われていた。指導を受けた民主グループ員なるものが各作業班に一名ずついて、作業員の監視役も務めていた。そして夕食後は、「党史研」の名のもとに、民主グループの話を聞かねばならなかった。笹目は、一度出てみたが、党史の研究はそっちのけで、聴講者の一人一人を捕まえて、反省を迫るつるし上げに終始していた。

これは、その人を本当に悔悟反省させるためのものではなく、人を辱めて快感を味わう態度がありありと感じられたので、笹目は一度出席しただけで、板敷きのベッドに横たわったまま、「党史研」には決して出ていこうとしなかった。

たちまち、反骨の笹目は報復を受けた。楽なジャガイモ倉庫の管理係を解除され、きつい流木作業班に組み入れるという通達を受けたのである。冷たい河に入り、流木を何本も陸揚げするという力仕事であった。

しかし、ここでも昼食の休憩時間に、民主グループによる討論会が行われていた。初日に指導者が発言した。

「ソ同盟（ソビエト連邦）は、我々勤労階級の祖国であることを認識し、我々の作業は祖国発展のために生産を高めるのだという自覚をしっかり身につけること、それが民主運動の基本である。これに異議はないな」

「異議なし、異議なし」

と一斉に声が飛んだ。笹目は、同意できなかったので、下を向いて無言でいた。

「おい、そこの新人作業員、君には答えがなかったが、賛否どっちなんだ」

「いや、どっちでもないんだ」

「なに、どっちでもないって…。あまり馬鹿にするな。お前は大体反動性が強いということで、ラーゲリ（収容所）全体が目をつけているのだ。この作業場で、焼きを入れてやろうと思ってきてみれば、まさに露骨に反動性を発揮してきた。いったい、日本の敗戦の責任は誰なのか、天皇をどう思うのか。これには答えられるだろう！」

笹目は立ち上がって発言した。

「お前のような青二才に今さら答える必要もないが、一言だけはっきり言っておく。いいか、日本の敗戦は国民一人一人の責任だということ、天皇は日本民族の首長であって天皇を一国の主としてこれからの我々は祖国日本の復興に心血をそそぐことを忘れてはならぬ。それは、家にあって父母を立てるのと同じことではないか。

間違っても、お前、ソ同盟が祖国などということはやめたほうがいいぞ。国際法を破り、満州に侵入したずるいソ同盟が祖国とはなんだ。どこを押せばそんな考えが出るのだ」

笹目は、満身の声を張り上げて抗議したあと、ひとりで休憩しようと川辺に向かった。

「ようし覚えておれ。天皇護持を説き、ソ同盟を誹謗《ひぼう》したキサマをタダでおくもんか。大衆に諮《はか》って、民主裁判にかけてやる」

彼らは、こんな捨てセリフを笹目の背中に浴びせかけた。


八月半ばの日曜日の昼のことだった。食事をしたあと、全員が食堂に残された。

張り出されていた壁新聞には「笹目の民主裁判を本日行うから全員出席せよ。これには、ソ同盟の政治部員も参加する」と書いてあった。

定刻が来ると、笹目は食堂の小高い舞台の中央にひとり被告人となって座らされた。右側には、民主グループの連中が二十人ほど座り、左側にソ連の将校四人が腰かけた。「大衆」と称された捕虜仲間は、食堂広間にぎっしりと詰めていた。全員参加の「民主裁判」である。

司会者が開会を告げ、民主委員長なるものが立ち上がって挨拶を始めた。

「今日は、かつて大資本家であり、天皇制護持論者にして、反ソ意識の旺盛な笹目を俎上《そじょう》に挙げ、大衆の動議によって民主裁判を行うことにした。同志諸君の徹底したつるし上げにより、彼がわが陣営に降伏するよう務めてもらいたい」

次いで、ソ連政治部員アレクセイ中尉が、立って演説した。

「我々の調査によれば、笹目は満州において十万頭以上の家畜を保有する大牧場を経営していた大資本家である。いわば、搾取階級であると同時に、天皇制の護持論者でもある。この二つの面からも、彼はあきらかに民主主義の敵である。この過去を清算し、同志諸君とともに歩んでいくよう念願するものである」

通訳がこれを翻訳し終えると、大衆はわっと喊声《かんせい》を上げた。

「やっつけろ！」、「打ち殺してしまえ！」

大衆は罵詈雑言《ばりぞうごん》を浴びせかけたが、委員長がそれを制止するかのように立ち上がって言った。

「まず、笹目に釈明を求め、その誤りをとらえて討議を行うことにする。ササメ！　潔く懺悔して、過去を清算せよ」


笹目は毅然と立ち上がり、ソ連の将校団をにらむようにして口を開いた。

同じ捕虜仲間の民主グループを相手にするのはばかばかしいが、ソ連が相手となれば、敵として不足はない。笹目の反骨精神は猛然と沸き上がった。

「政治部員アレクセイ中尉の誤った見解について申し上げたい。私は満州で十万頭の家畜を保有していたのは事実だが、それは種畜の改良と生産技術の向上をモンゴル遊牧民に指導するためであって、中尉の言うような搾取を目的としたものではない。

つぎに、天皇は日本民族の首長であるという観念は、いかなることがあってもこれを捨てるものではない。ただ、明治維新にあたって作り上げられた天皇を政治首班とする制度、これは改めるべきという考えは持っている。したがって、私は、天皇護持論者であるが、天皇制護持論者ではない。そのことを明言しておきたいのだ」

「図々しい野郎だ。お前の資本主義には搾取はないというのか。叩きのめして泥を吐かせろ」

「大体、お前の言動は我らの祖国ソ同盟を誹謗しているではないか。徹底的にやっつけろ」

大衆の中に紛れ込んだ民主グループは、わめきたてて扇動を始めた。声援を得た委員長は、居丈高になって迫ってきた。

「流木の作業場で、先日お前が吐いたソ同盟攻撃の言動は許すわけにいかない。その点は追及の手を緩めないぞ」

「それでは改めて諸君に問うが、お互い捕虜同士の間にあって、捕虜が捕虜を裁判するという権限が法的に成立するのか、その点をはっきりさせてから論争に入ろうではないか」

「法的権限はないにしても、大衆の動議によって大衆裁判は成り立つ先例があるのだ」

「いや、それは間違いだ。我々はいまソ連の管理のもとにあるのだから、不正行為があればソ連の法規によって裁かれるべきで、私的制裁に等しい大衆裁判は拒否することを宣言する」

委員長は困ってしまい、ソ連の将校団に助けを求めたが、結局、討議は物別れに終わってしまった。以前、笹目に仕事を助けてもらった数人の仲間が代わる代わる立ち上がり、勇敢に笹目の応援演説をしたので、それを無視するわけにもいかず、大衆裁判は不成立、散会となってしまった。

独房に入れられて

翌朝、さっそく笹目は流木作業班からはずされた。今度は、もっと危険な狭い炭鉱の試掘にまわされた。行ってみると、そこには民主グループと喧嘩《けんか》した捕虜十五人が働かされていた。そこは懲罰用の試掘鉱で、背伸びすることもできず座ったままで掘り進める狭い炭鉱に一日中放りこまれたのである。

この作業班には、ハルピンで暮らしていた白系ロシア人婦人とウクライナから強制連行されてきた女子も働いていた。彼女たちは家族から引き割かれ、正当な裁判もなく十年の刑を宣告されていた。

仲間の捕虜たちは、劣悪な暗闇の作業環境に耐えきれず、次々に足腰を痛め、病に倒れ、一年後に残ったのは、笹目一人であった。生き残れたのには、秘密があった。

お昼の一時間だけは地上に出ることが許されていたが、その休憩時間に、太陽の霊気を全身に吸収する秘法を行っていたのである。かのシュロ仙人が、コンロン山頂で教えてくれた離火印の秘法であった。

一年後の昭和二十三年八月、笹目はまたも編成替えになった。もっと厳しい試練を与えてやろうとしたのか、チタ市街にある第六分所ラーゲリに送られることになった。

この収容所は、泣く子も黙る「民主運動」の本拠地と呼ばれたところで、笹目の思想改造のためにここに移送したのである。笹目の「反動性」は鳴り響いており、たちまち「ヒゲの大反動」というあだ名をつけられた。批判した民主グループの委員長に、私的制裁を受け、いきなり独房に放り込まれたこともあった。

このラーゲリでは、製パン工場の燃料用の薪を作る仕事であった。午前中は、二人引きの大鋸《おおのこぎり》を引いて五十センチの長さに木を切り、午後はもっぱら薪を割った。若いころ、居合抜きの鍛錬をしていたことがあるから、直径三十センチの丸太を据えて割る仕事は面白いように進んだ。どんな境遇に置かれても、修行と割り切って集中するのが笹目の流儀であった。

昼休みには、余った木片でスプーンやナイフを作った。将棋の駒やマージャン牌を作ったものもいた。のどが渇くと、白樺に穴をあけ、そこから垂れる汁液を分け合って飲んだ。松の木などの皮下に潜んでいる幼虫を探し出し、そのまま口の中に放りこんで飢えをしのいでいた。幼虫は意外な甘みがあって、栄養補給になった。

日本兵の墓地（平和記念資料館）

しかし、この六分所でも民主運動をこっぴどく批判したので、昭和二十四年の正月に、さらに悪名高い四分所に回された。すでに六百人ほど収容されていたが、みな反動分子とみなされたものばかりで、仕事を終えた後も毎晩「民主教育」を受けさせられた。

特に警察官は全員、壇上に並ばされ、聞くに堪えない雑言を浴びせられていた。警察官は天皇制の守護者であるから、念入りに思想改造しなければならないと考えたのだ。

四月二十九日、天長節の日になった。笹目は、彼らと一緒に重いレンガを背負い丁寧に積み上げていたが、昼食時になると党史研の連中が天長節を引き合いに出し、天皇のこき下ろしを庭で一席ぶちはじめた。

そのとき、捕虜仲間の一人が四階の屋上から叫び声を上げたのが聞こえてきた。見上げると、今田というまじめな警察官だった。

「党史研の気ちがいども、よく聞け！　天に太陽のあるごとく、地には唯一の天皇があってこそ日本民族存立の意義があるのだ。我いま、狂人とともにあることを潔しとせず、霊魂となって祖国に帰る！」

彼は、最後に甲高く「天皇陛下万歳！」と叫ぶと、真下の集会めがけて真っ逆さまに飛び降りた。頭骸骨を粉砕した壮絶な死であった。

その晩のこと——。今田警察官の棺桶を前において、民主グループは、また懲《こ》りもせずつるし上げを始めた。こもごも立ち上がり、天皇を非難し、壇上に並べた天皇護持論者たちに罵詈雑言をほしいままにした。その言動を静かに眺めていた笹目は、ついに許すべからざる態度であると感じて立ち上がった。

「諸君、一言聴いていただきたい」

「出たぞ、反動の大御所！　一緒に棺桶に入れてしまえ！」

全身の血液がたぎる思いをした笹目は、死を決して発言した。

「今田君は、命をかけて、お前たちの迷妄を覚まそうとしたのに、死者に鞭打つようなつるし上げをするとは、何事だ！　いい加減、目を覚まさんか」

これを聞くと、民主グループの三人が壇上に駆け上り、乱暴にも笹目の胸倉をつかんで引きずりおろそうとした。もはや、これまでと思って、三人の眉間を打ち、腹を蹴り下ろした。若いころに覚えた拳法の手足が自然に動いたのである。続いて駆け上がってくるものを睾丸を蹴りあげて気絶させ、やぐらに投げ、みぞおちを突き、三十数人の民主グループ全員をなぎ倒した。

そこへ、騒ぎを聞きつけたソ連兵が入ってきて、笹目は取り押さえられた。手錠をはめられ、営門を出てしばらく暗闇を歩かされた。

どこに連れていかれるのだろう、この寒い野原でとうとう誰にも看取られずに銃殺されるのかと肝を冷やしたが、やがて連れていかれたところは、六畳くらいの独房の小屋であった。

夜が明けてしばらく待っていると、衛兵が小屋のカギと手錠を外し、入れ替わりに民主グループの一人がやってきた。「これが一日の食糧だ。パン三百グラム、水二百グラムだけだぞ」と言って、投げてよこした。笹目の入れられたのは、懲罰用の営倉だったのだ。パン三百グラムというと、タバコ二箱分くらいの大きさである。

しかし、働かなくてもいいなら、三百グラムの黒パンでもいいじゃないか、民主グループの罵詈雑言を聞くことなく、座禅に打ち込めるなら、これほどありがたいことはない、と笹目は気持ちを切り替えた。二週間くらいの断食の修業は、これまで何度も行ったことがある。

水が足りないのには弱ったが、なんの取り調べもないまま、十日間の営倉処分が終わった――。

ここまで話し終えると、笹目老人は平穏な宮中からやってきた三人に向かって言った。

「お若い皆さんは、民主裁判という言葉を聞いたことがありますか。人民裁判とも言いますがね」

歴史に詳しい河野護衛官がすぐ返答した。

「ええ、中国の文化大革命で有名になりましたね。一九六六年から十年間続いた文化大革命は、文化改革をよそおいながら毛沢東が権力を奪回しようとした政治闘争でした。民主裁判と称しながら、実態は集団の圧力でつるし上げ、根も葉もない罪状を自白させるというものでした」

「そうだね、人民裁判は、思想改造と切り離せないものだ。法律に基づく司法裁判では、頭の中の思想を改造できない。そこで共産中国は、古いブルジョア思想を捨てさせ、万人平等の共産思想に変えさせせようとして人民による裁判形式を採用したというわけだ」

「その起源はやはりソ連でしたか」

「いや、さかのぼれば、フランス革命に行きつくね。貴族のマリー・アントワネットをギロチンの刑に処したのも、人民裁判だった。司法裁判の形をとっていたが、実質は民衆革命の勢いを借りた人民裁判だった」

「そういえば、西欧中世の魔女裁判も、一種の人民裁判ではなかったでしょうか」

　再び河野が質問した。

「うん、そう言って差し支えないね。カトリックの正統思想に合わない霊能者を異端の魔女と決めつけて、火あぶりの刑に処していたね。ある思想を正統とすると、必ず異端の思想が生まれる。なぜ、西欧で正統と異端という区分けの発想が生まれたのか、たぶんそれは西欧の言語の構造に由来するのではないかな。河野君、よく調べてごらん」

「はい、言語の構造が、認識の枠組みを決めると言われていますね。全体主義や自由主義といったイデオロギーも、欧米の言語構造から生まれているのではないでしょうか。日本語には、正統と異端、創造者と被造物という二項対立の発想はないように思います。民主と反動、資本家と労働者階級という用語も、近年、進歩的文化人たちが消化しないまま直輸入したものでしょう」

「その通りだね。人類の歴史に『進歩』や『救済』といった考えを持ち込んだのは、ユダヤ人のマルクスだった。マルクス主義の進歩・救済信仰は、ユダヤ教を裏返したものであったが、それを信じこませるには、秘密警察と軍隊という暴力装置が不可欠だった。わしはそれをラーゲリでいやというほど体験させられたんだ」

サーヤさまと女性護衛官の山本は、なるほどといった表情で、難しい二人の議論に耳を傾けていた。

「では、人民裁判を離れて、いよいよ最後の局面に移ろうかな。わしを自白させようとして、ソ連軍の検察官がどんな手を使ったか、そしてわしがどのように対処したかを参考までにお話しししますよ」

若い三人は、笹目の顔をじっと見つめて一言も聞き漏らすまいと緊張した。

責め道具の水牢

八月三十一日、大正天皇の誕生日がやってきた。

十日間の営倉処分を終えていた笹目は、この日どういうわけか、チュルマ（監獄）と呼ばれる場所に移送された。最悪の場所と恐れられていたところである。ここでは、担当の検事、マカロフ少佐から厳しい取り調べを受けた。

容疑は二つあった。第一に、笹目は陸軍の手先として牧場を経営していた大資本家であったこと、第二に、収容所内でソ同盟の情報を集めるスパイ団を編成しようとしたということであった。何がなんでも笹目の罪状を自白させようとした。

その証人となる捕虜もいるといって笹目を脅迫した。その証人は、笹目に勧誘されてスパイ団に加わったと証言しているという。

三か月、断続的に取り調べが続いたが、しかし、笹目は頑として署名に応じなかった。捏造された容疑に、おいそれとサインするわけにはいかない。音を上げたマカロフ少佐は、最後の拷問にかけようとした。「自白しないなら、想像もできない悲運が待ち構えておるぞ」と捨てゼリフを残して、取調室を出て行った。


十二月三十一日、大みそかの夕刻だった。明日は元日だな、このまま署名に応じないで年を越せるなと思った。

ところがこの日、笹目は居住していた十八号室を追い出され、収容所の廊下の突き当りにある三十六号室にいきなり放り込まれた。真っ暗闇に目が慣れてくると、そこには寝台も腰掛もなかった。パンを置く小机もなかった。

隣の部屋は、夕食の固い黒パンを配給する音が聞こえたが、ついに笹目の部屋には来なかった。道理で小机が置いてないのだとわかった。ようし、こうなったら、断食を覚悟しよう。日本では、最長四週間の断食を二度ほど経験したことがあると肚をくくった。

疲れを感じてきたので、腰を下ろそうと床に座った。床は板張りではなく、コンクリートのままであった。板張りでないから、この部屋は冷えるなと思った。そこで靴を脱ぎ腰の下に敷き、座禅の構えをとって瞑想しようとした。夜も深々と更けていった頃合だった。下にした左足に冷たさを感じたので、目を見開いてみると、なんと部屋の隅からこんこんと水が湧き出してきて、床全体が水に覆われているではないか。

冷たさに驚いて、思わず水中に立ち上がった。(ああ、このことだったのか。想像もできない悲運とは)と気づいた。水責めの刑だと、終日終夜、水中に立ち尽くし、壁に寄りかかってわずかに居眠りするほかない。

これを三日も続ければ、意識はもうろうとし判断力は失われていく。そのとき、イワノフ少佐が登場し、「どうだ、認めるか。認めるならこれに署名しろ」と強要する作戦だなと読めた。

こうなったら、また白頭山のリョ神仙とコンロン山のシュロ神仙のお力を頼むほかない。笹目は、ご加護を願う神呪を唱えながら壁に寄りかかって居眠りを始めた。眠りに入ろうとするたびに、膝がガクンと崩れ、はっと目が覚める。目を覚ますと、「ハル〇、ウム〇、ツヅ〇」と呪文を唱える。これを繰り返しながら時は過ぎていった。幸い、水はくるぶしのあたりで止まったが、水は凍えるほど冷たく足の感覚はもはやなかった。

四日目に呼び出しが来た。取調室に入ると、マカロフ少佐が待っていた。

「どうだ、ササメ。いい正月を迎えたかね」

「おかげさまでね。見たことも聞いたこともない別天地で、後世の語り草になると思うよ」

「どうだ、悪事を認める決心はついたか」

「男児の決心だ、変更はなし！」
笹目は、ハッハッと笑いながら返答した。少佐は、あきれたらしく無言で部屋を出て行った。

笹目は再び水牢に戻った。「寄り壁」の修行と気持ちを切り替え、神明の加護を念じながら耐えた。五日が過ぎ、十日が過ぎた。
くるぶしから下は感覚がなくなり、皮膚はふやけて、腐りかけてきた。体はげっそりと痩せ、あばら骨が現れ、両足は二本の細木のようになってきた。身体は骨と皮の状態でかえって軽くなり、立ちながら眠るという技が自然と身についてきたようだった。

二十八日目の朝、下士官兵が迎えに来た。どうやら四週間というのが、水牢の期限らしい。よろめきながら取調室に入ると、マカロフ少佐が待ち構えていた。

「ササメ、あの別荘は、よほどお気に召したとみえるな。大概のものは三日で音を上げるが、お前いったいどうして生きていたんだ」
「はっは、マカロフ少佐、俺は太陽の子だ。太陽の精気を吸って生きる秘法を知っている。お前のような唯物論者には、わからないだろうがな」
「ううむ、規則だから一応今日で釈放する」

釈放といっても、元の十八号の独房に戻っただけであった。が、水牢の試練から生きて帰れたことはシュロ神仙たちのおかげと深く感謝をささげた。

久しぶりに寝台に腰を下ろしてみると、膝は固まり折り曲げも自由にならなかった。足関節から下の肉は、ふやけて一部腐りかけていたが、血行を良くしようと手足のあんまからぼつぼつ始めた。

笹目は、規則により、三か月の休養期間が与えられ、食料も十分に配給されたので、痩せこけていた股も肉がみるみる盛り上がってきた。三月半ばになって、部屋替えがあり雑居房に入れられた。入ってみると、そこは憲兵、警察、特務がほとんどで、民間人は笹目一人であったが、久しぶりに日本人と楽しい会話ができ、休息をとることができた。しかし、これも懐柔作戦の一つではないか、と笹目は気を引き締めた。

四月の末のこと——。見慣れた下士官兵が迎えに来た。取調室に入ると、マカロフ少佐ではなく、通訳のアンドレーフだけがいた。彼は、迫害された白系ロシア人の一人で、満州で逃げ遅れソ連軍につかまり、通訳をやらされていたのである。

このアンドレーフは、戦前に茨城県でラシャの商売をしたことがあり、そのとき、どういう縁か、笹目の祖父八郎右衛門に大変世話になっていた男だった。八郎右衛門の別荘に住まわせてもらい、そこを拠点にして茨城全土にラシャを行商していたのである。それを恩義に感じて笹目には親切にしてくれ、笹目の激しい言葉遣いも、マカロフ少佐を怒らせないよう柔らかく通訳していた。

「久しぶりですね、ササメさん！　お体がすっかり回復したようですね」

「おかげさまで、少し太ってきましたが、またぞろ、いやな取り調べが始まるころじゃないですか」

「それで前もってあなたに話しておきたいと思ってやってきたわけです。いかがですか、ササメさん、このゲ・ペ・ウの地獄門をくぐって、無罪で出た人はないと言われています。残念でしょうが、お認めになってしまわれては……」

「認めてしまうと、二十五年の強制労働でしょう」

「でも刑が決まれば、優秀なあなたに手伝ってもらいたい仕事があるのです。私は、いま日本語の辞書を編集しようと計画してましてね、それを手伝っていただきたいのですが……」

「しかし、身に覚えのないことを認めるのは、私の性格上できかねるのです」

「だが、ササメさん、拒否すればまた水牢送りですから、そうなれば二度目は体がもたないと思うのです。残念でしょうが、その辺をよくお考えになってはいかがでしょう」

丁重に語るアンドレーフの言葉には、思いやりがこもっていた。駆け引きの発言ではないことが了解できた。

「よし、わかった。アンドレーフさん、考えてみればこの獄窓もほとほと飽きがきた。次回の呼び出しには、ご厚情を汲んで容疑を認めることにしましょう」


ようやくシベリアの大地に春が訪れようとしていた。そろそろ監獄を出て、春のにおいをかぎながら、英気を養ってみようと笹目は意を固めた。二十五年の重労働の刑であってもこの窮屈な監獄よりはましだろう。罪状を認めた者でも、ぼつぼつ帰還する例が出始めたようだから、生き延びれば最後の最後の船で帰国できるかもしれないと思えてきた。

二十五年の重労働の刑

その三日後、夕刻のことだった。急に呼び出しを受けて取調室に行くと、マカロフ少佐は、書記とアンドレーフ通訳を従えて待っていた。

「しばらくだな、ササメ！　だいぶん体も回復したようだから、再びお前に尋問するが、回答いかんによってはまた水牢の別荘行きだな。どうだ、決心はついたかね」

「素晴らしい別荘にまた四週間入って、お前の鼻をあかしてやりたいところだが、お前のような堅物《かたぶつ》を相手にするのも煩わしく、ほとほと飽きてきた。そろそろシベリアも春の息吹を感ずるころとなってきたから、思う存分大自然の恵みを味わってみたくなったよ」

反骨の笹目は、皮肉のわさびを利かせながら返事した。

「それじゃ、認めてしまうというのか」

「残念ながら認めてやるから、書類を出せ」

「では牧場経営の罪状にするか、それともスパイ団結成の罪状にするか」

「どっちにしても、罪人に変わりはない。面倒だから両方認めてやる。早く書類を出せ」

「オッ、両方認めるか。すばらしい。書類を調えるから、その間、一服やれよ」

マカロフ少佐は、満面の笑みを浮かべて一本の煙草を差し出した。笹目は、久しぶりにタバコを深々と吸いこみ、天井に向かって紫煙を吐いた。

間もなく、書類二通を書記が運んできた。署名するにあたり、日付を聞いた。

「何日だったか、今日は」

「四月二十九日だ」

「なんと、天長節の日ではないか。ご縁が深いなあ…」

ちょうど一年前のこの日、四分所で今田警察官の遺体を前に大格闘を演じ、民主グループ三十数名をなぎ倒し、営倉にぶち込まれた記念すべき日であったのだ。


こうして笹目は、強制労働収容所にて二十五年働くという刑罰を受け、直ちにバム鉄道の建設工事現場に送られた。バム鉄道は、シベリア鉄道の北側の森林を切りひらいて線路を建設するという難工事で、一本の枕木を敷設するのに囚人が一人犠牲になったといわれるほどの過酷な工事であった。

材木の伐採と運搬（舞鶴引揚記念館）

笹目が回されたラーゲリには、三千名を超える囚人たちが収容されていた。政治犯ばかりでなく、ごろつきのスラブ人、強盗犯のタタール人、強姦罪のカザフ人らが重労働の刑を受け、収容されていた。ラーゲリは、屈強な牢名主が支配する世界で、笹目は彼らのむごい仕打ちにも耐えなければならなかった。

黒パンをかじる（平和祈念展示資料館）

笹目は、その後もソ連側の労働計画に沿って収容所を転々と回され、アブの群れに悩まされながら大木を伐採したり、遠方の冷たい川から水をくみ上げる作業に回されたりした。零下三十度になるとまつげが凍り、鉄道の線路や斧の刃に手が触れると、たちまち凍り付いてはがせなくなるから用心しながら作業した。笹目たちは、最大の強敵であるシベリアの極低温と闘いながら、ノルマを果たしていった。

こうして長い年月が経った。やがて強気の笹目も、月日を数える意欲を次第に失っていった。

抑留された日本兵たちは、七十か所以上の強制収容所で働かされていたが、昭和二十二年ごろから少しずつ帰還を始めていた。しかし、笹目がやっと帰国できたのは十一年四か月後の昭和三十二年一月のことであった。昭和二年にモンゴルの青年を教育する「戴天義塾」を設立してから、ちょうど三十年後のことであった。

この最後の帰還船団には、もと関東軍参謀の瀬島龍三中佐も乗っていた。彼も帝国主義戦争に加担した罪で二十五年の重労働の刑を受けていた。敵国の軍人をソ連の国内法で裁くのは国際法違反であったが、のどから手が出るほど労働力が欲しかったソ連にとって、

瀬島龍三

そんなことはどうでもよかった。勝てば官軍なのである。

瀬島中佐は、抑留中、佐官でありながらレンガ積みや壁塗りなど左官の仕事をやらされていた。佐官から人偏を取られ、左官になっていたのである――。

以上の話を聞いた宮中の三人は、しばらくものが言えなかった。重い沈黙を破って、河野が語り始めた。

「捕虜の強制労働は、国際法に違反するものですが、笹目先生のおっしゃる通り、条約とか国の約束といったものは、破られるためにあるのですね。残念ながら、それが厳しい国際社会の現実ですね。ところで、ソ連で亡くなられた兵士や軍属は、全部で、何人くらいに上るのですか」

笹目は答えた。

「厚生省によるとね、満州、樺太、千島から五十七万五千人の軍人らが抑留され、帰国したのは四十七万三千人であったということだ。ざっと十万人が劣悪な労働環境の下で死亡した計算になるが、正確な数はいまもってわからないね」

「その帰国者で、いわゆる『民主教育』を受け、帰国後に共産主義運動を行うと約束した者は、早く帰還することができたそうですね」

「うん、彼らは、念書にサインしたので、念書組と呼ばれていたね。もっとも、彼らのほとんどは赤大根だったなあ。中身は白で、外側だけ赤く装っていただけなのさ。でも、わしのように洗脳に従わなかった偏屈は、最後の最後に回されたのだ。さすが、計画経済のソ連は、よく人の心理を読んで計画的に抑留したものだね。ハッハア」

笹目は、明るい声で高らかに笑った。彼の受けた過酷な試練は、もう笑い飛ばすほかにしようがなかった。ソ連は一切損害賠償しようとしなかったのである。

「お話し中ですが」と女性護衛官の山本が割り込んだ。

「水牢で四週間も耐えたと言われましたが、その秘訣は何だったのでしょう。断食に慣れていただけでは、とても説明がつかないように思いますが」

「いい質問だね。実は、東側の壁に長さ三十センチほどの小窓が開いていたんだよ。そこから朝日が午前中一時間ほど入っていた。これで助かったと思ったね。シュロ神仙から太陽の精気をのみこむ離火印を習っていたから、毎朝真剣に行じたわけだ。この小窓がなかったら、皆さんと会えることもなかったろうね」

「そうでしたか、それでいまもますますお元気なんですね。私も、真剣にやってみます。サーヤさまもいかがですか」


静かに聞いていたサーヤさまが、にこやかに答えた。

「ええ、いいですね。宮内庁はそういうことは少しも教えてくれませんが、私も真似してやってみますね。古神道にも、似たような手法があると聞いてはいますが」

「うん、古神道にも、両手を額に挙げて指で三角を作り、その間から昇る朝日の光を口に呑み込み、肚に降ろしていく行法を伝えているところがあるね。いろいろと比較研究してごらん。祈りも大切だが、体から神に入っていくことも忘れないようにね。日本の神々は微細な波動であり、響きだから、体感することが大事だね」

黙って聞いていた河野は、神道行法にあまり興味がなかったので話題を変えようとした。

「かねてよりお聞きしたいと思っていましたが、笹目先生は悲惨なシベリア抑留から帰国された後、どのような体験をされたのでしょうか。二十二歳で大陸に渡り、三十年間辛酸をなめられましたが、帰国後の三十年間は、リョ神仙の予言されたとおり安楽な生活を送られたのでしょうか」

「いや、安楽ではなかったが、自分のやりたいことを思う存分にやらせてもらえたね。

最後にそれについて、お話ししようか。お疲れだろうが、もうしばらく聞いてくれるかね」

第六章

光は東方より

――先天の炁《き》と神人不二のおしえ

静養の日々

昭和三十二年に帰国したとき、笹目の体重は栄養失調で四十五キロに減り、歯は三分の一抜けていた。四週間の水牢では骨皮筋右衛門になり何とか持ちこたえたものの、十一年にわたる厳しい労働で心身に消せない疲労が蓄積していた。

帰国後はしばらく静養を必要としたので、三重県の菰野《こもの》に隠棲していた画家の岡本天明のところに身を寄せて、山野の空気を吸おうとした。

朝は昇る太陽に向かい離火印を結び、夜は月のしずくをのむ坎下印を行じ、日中は両手を結ぶ坎離印を用いて宇宙の霊気と一体化しようとした。こうして、暗い独房ではできなかった行を、日本の母なる大自然の中で思う存分に堪能することができた。

岡本天明とは、戦前綾部の大本本部で出会い、親友になっていた。霊感の強い岡本は、その頃、自動書記で降りてきた「日月神示」を解読するのに腐心していた。

日月神示は、岡本が千葉県の麻賀多《まかた》神社を参拝した際に、急に画仙紙に書かされたもので、数字や記号などで降りてきていた。有名な冒頭の一節、「富士は晴れたり日本晴れ」の原文は、「二二八八れ十二ほん八九」と記載されていたのである。

岡本は至恩《しおん》郷と称した古い農家に隠棲していたが、笹目はそこで久しぶりに新聞や雑誌を読んでみて驚いた。朝日新聞などは百八十度宗旨を変えていたのである。

戦前は、陸軍に協力し「皇軍、大陸に威風堂々と進軍」、「支那を膺《よう》懲せよ」、「停戦は時期尚早」などと戦争をあおっていたのに、戦後はどうしたことか、「満州の侵略に謝罪せよ」、「軍部の責任は重大」と、論調が一変していた。戦争に協力した朝日新聞の戦争責任については、一言の言及もなかった。

昭和二十七年に日本国は独立を回復していたが、いわゆる進歩的文化人は占領軍の埋め込んだ日本贖罪論に洗脳されたままであった。彼らは日教組や自治労の運動方針をほめそやし、まるで共産党の応援団のような論調を展開していた。幸いにして、共産党の天下になっていなかったが、唯物論とマルクス経済学は学界で幅を利かせていた。

（ああ、まだ学界や報道界は自主独立を回復していないな）と笹目は思った。左翼的な見解を押し付け、反論を許そうとせず、多数の大声で保守派をつるし上げていたのである。

（これでは、自分がソ連で体験した人民裁判とあまり変わらないではないか。デモクラシーの精神はまだ身についていないな）と痛切に思った。日本社会の権威主義的ないし家父長的な体質は、左翼の側にも根強く残っていたのである。

学者や進歩的文化人は、左翼の論調に寄り添っておればうまく生活できたが、民衆はそういうわけにいかなかった。敗戦後、価値観がぐらつき自信を失った民衆は、頼りになるものを求めて、新興宗教に群がっていた。大本教から分離独立した宗教指導者らは、救世教、生長の家、真光教、白光真宏会などを起こして活発に布教していた。戦後の混乱で動揺した青年や元軍人たちも、千鳥会、菊花会、創価学会など、神霊や宗教の世界に救いを求めようとしていたのを笹目は知った。

体調の回復した笹目は、ある日、岡本と話し合った。

「一度宗教組織を作ってしまうとね、その中で、教祖と補佐役と信者の区別が生まれ、差別が生じることになるね。組織を維持するため金集めに走ることになり、そこから堕落が始まる。だから、宗教という形でなく、なにか別の仕方で人心を安定させる方法がないものだろうか」

同意見の岡本は言った。

「日月神示の中にも、宗教を戒める一節があるよ。日月の神、国常立大神は冒頭でこう述べている。

『この道は宗教ではないぞ。教会ではないぞ。道ざから、今までのような教会作らせんぞ。道とは臣民に神が満ちることぞ。…金儲けさせんぞ。欲捨てて下されよ』

だから私も宗教団体を作らずに、この日月の道を広く伝えたいと願っているのですがね」

「ほう、そうでしたか。振りかえってみると、戦前の大本は、人類愛善新聞を発行して大宣伝し、昭和神聖会という政治団体を結成して政治の在り方を変えようとした。それで当局の弾圧を招いたわけだが、宗教団体が金を持ち大きくなると、そういう方向に走ってしまうねえ」

岡本は、戦前の一時期、人類愛善新聞の編集長をしていたことがあったから、少し耳に痛い発言であった。

いろいろと検討した結果、結局、笹目がたどり着いたのは、山東省に発祥した道院の考えであった。道院は自己修養を行う道場であって、宗教ではなかった。キリスト教、仏教、回教、道教、ヒンヅー教の信者も参加できる道場であった。五つの宗教は同じ源から発しているという考えで、「五大同源」と標榜していた。

そして自己修養だけでは足りず、慈善活動を行うことを義務付け、紅卍字会という慈善団体を傘下にもっていた。両者をあわせて、「内修外慈」といい、これを簡略化して「修道」と呼んでいた。

多摩に道院を設立

道院・紅卍字会が正式に発足したのは、一九二一年（民国十年）、山東省の済南においてであった。フーチによって降りてきた神霊の託宣をもとに修養を積み、慈善活動を行うというもので、北京や奉天など大陸各地に支部が生まれていた。満州国の皇帝、愛新覚羅溥儀も熱心な道院の修方（会員）であった（道名は浩然）。

フーチは、太古から行われていたもので、旧漢字の「靈」は、まさにフーチの模様を示しているという。なるほど、霊の降下を示す雨の下に、三つの口（供物）をささげ、

道院の発祥地・済南の母院

二人の人物がT字型の棒を持ち、砂盤に字を書いていく様子を象形している。関東大震災の直前、フーチの指示により、大量の米と支援金を積んだ船が理由も告げられず東京湾に向かわされ、ようやく船が着いた九月一日の昼に大地震が勃発したが、この不思議なフーチが道院と日本を最初に結びつけたのであった。

道院を最初に神戸に創設したのは、その趣旨に共鳴した出口王仁三郎であった。その後、大本の主な施設に道院が併設されたが、昭和十年の弾圧後、見る影もなくさびれていた。

笹目は、修養団体である道院は宗教団体と切り離して独自に設立すべきと考えた。笹目自身は、昭和四年に大本の亀岡でフーチを見学していたとき、済仏（済公活仏《さいこうかつぶつ》）と呼ばれる聖者が降臨し、望んだわけでもないのに「秀和」という道名をいきなり与え

旧漢字の霊

られたことがあった。砂盤に「この道名を笹目に賜う」という文字が現れたのである。

満州に渡ったのちも、奉天などにある道院でフーチを見学したことがあるが、熱心な会員ではなく、年月のほとんどは、モンゴル独立運動に費やしていた。

帰国して三重県菰野の至恩郷で休養しているとき、静かに反省してみて気がついた。

(済仏さんが「秀和」という道名を与えてくれたのは、和に秀でた人間になるようにという趣旨であったにちがいない)

だが、これまでの半生は、「和」どころか、主義主張を貫くあまり、周囲と妥協せず情け容赦なく相手を論破していた。相手をやりこめることに快感を覚えていた。喧嘩早い偏屈ものとみられたのも無理はないと思った。済仏さんはそういう欠点をいましめられていたのであろう。

（気がつくのが遅かったかもしれない。しかし、済仏さんにそう指摘されたからには、もう一度、基礎から道院の思想と行法を学びなおさねばならないな）

そう思った笹目は、さっそく台湾の道院に向かった。台湾道院で寝起きし、静座に励み、済仏さんなどが降ろした過去の壇訓を研究するなど研修に努めた。

当時、道院本部は赤化した大陸を離れ、イギリスの統治する香港に置かれていたので、香港道院も訪れた。ある日、香港で開かれたフーチ壇において、笹目秀和に対し、日本で道院を創設し「誠正和平」の大義を広めよという託宣が下った。それを見て秀和の決意は固まった。

著書『済仏伝』の表紙に
描かれた済仏

笹目秀和は、まとまった資金がなかったので、日本船舶振興会会長の笹川良一に頼み、銀座に道院の施設、東京総院を作ってもらい、副統掌に収まった。笹川は、戦前に国粋大衆党を率いて、内田良平らとともに満蒙の開発を呼びかけていた人物で、その関係でよく知っていた。

ところが、笹川は毎日道院で礼拝していたものの、積極的に布教しようとしなかった。むしろビジネスのために利用しようとする気配が見えたので、彼と手を切り、奥多摩に独自の東京多摩道院を設立し、笹目が統掌となった。

その設立資金は、戦前に満州で知り合った今里広記（日本精工社長、経済同友会）が財界に呼びかけて集めてくれた。今里広記は、満蒙で油田や鉄鉱山を開発しようとした笹目を応援してくれ、戦後もチュメニ油田の開発など、資源開発に情熱を注いだことで知られている――。

手短にここまで話すと、笹目老人は立ち上がって、東側の窓辺に向かった。

「この窓から見てごらん。この山小屋の下に、鉄骨造り、三階建ての白い建物が見えるだろう。あれが今里君らが建ててくれた多摩道院なんだよ。山小屋は手狭なので、あそこで毎朝日の出とともに祭儀を執り行い、そのあと瞑想しているんだ」

「立派な道院ですね。で、その毎朝のお祀りはどういう風にやっているのですか。道院の主神と経典について知りたいのですが…」

とヨガを研究している山本護衛官が遠慮がちに尋ねた。

「ここでお祀りしている主神は、至聖先天老祖という宇宙神だ。略して老祖さまと呼んでいる。神道で言えば、天之御中主大神《あめのみなかぬしのおおかみ》だね。七つの壇の中央の壇にて礼拝し、『北極真経』とよばれるお経を読んで、地球の地場を掃除しておるんだが、読み通すには、一時間二十分かかる。ほかに『午集正経』というお経もあるが、これは十二時間もかかるよ」

「ずいぶん長いですね。それほど長いお経を唱えるのは、どういう狙いですか。修養のほかにもっと重大な意味があるように思われますが……」

「おお、よく気がついてくれたね。道院には災害を未然に防ぐ『化劫《かごう》』という独特の教えがある。災劫（災害）は、人心の乱れによって生じるので、これを消すことを『化劫』と呼んでいるんだ。

経典の中にこういう一節があるよ。

『人心平らかならざれば、その気和せず、不和の気は邪気となり、邪気の凝るところは即ち災劫となる。ゆえに心を平らにし、気を和せしめれば、即ち清霊来る』

つまり邪気が凝ると、地震や洪水、疫病などに見舞われることになる。そこで毎朝、人類の積み重ねてきた劫を無化するため、長いお経を唱えているというわけだね。その前後には、胎息しつつ静座する。それによって、宇宙にみなぎっている根本の炁、これを先天の炁《き》と呼んでいるが、先天の炁に還り、一体化する行を重ねているんだよ」

笹目秀和は、かつてコンロン山のシュロ神仙から同じようなことを指摘されたことがあり、神仙のお言葉をときどき思い出して気を引き締めていた。

「見たまえ。いま山河は破壊され、空気は汚染され、胎息どころか鼻呼吸まで圧迫されているではないか。地球の大爆発か、大規模な天変地異が起こらなければ、地球自体の生命維持が難しくなっている。これを救う方法の一つは、胎息をはじめとした自然体に還る一大運動を展開することだ。汝にその覚悟はあるかのう」

「自然体に還る運動を始めよと、コンロン山でシュロ神仙が教えてくれたが、それを思い出して、いまこの多摩道院から始めようとしているのだよ。日々の静座において、胎児の呼吸のような静かな胎息を行い、毎朝の誦経を通じて、化劫を祈っているのはそういう狙いだ」

「掃滅の劫」を防ぐ

「そういえば、笹目先生は、先年『ストップ・ザ富士大爆発』という本を書かれましたね。皆さんでお経を唱えて、爆発を止めたという話が載っていましたが…」

河野護衛官が、ふと思い出して言った。

「ああ、それはね、相楽正俊という元気象庁の方が、『危機迫る!富士山大爆発』という本を書いて、一九八三年九月に巨大台風が集中的に押し寄せ、その大量の水がマグマに達して水蒸気爆発を起こし、富士山五合目以上が吹っ飛ぶという説を発表したんだ。

わしは、それなら台風の進路を変えればよいではないかと考えた。そこで沖縄方面で発生した台風を南方海上に送り、本土に襲来しないようにするため、水をつかさどる八大竜王を祀り、同志八人を集めて『北極真経《ほつきよくしんぎよう》』を連日唱えた。むろん、同時に行われた陛下の祈りや国民有志の祈りもあったと思うが、おかげで富士山は爆発しなかった。われわれの運命は選び取ることができ、変えることができるということがわかったよ」

「最近はまた、首都直下型地震とか、東南海大地震とか、騒がれてきましたね。それを未然に防止するには、どうすればよいのでしょうか」

河野が続けて質問した。

「気象学者たちは、確率でものを言えるので、気楽な職業だね。起こらなかった場合は、確率をもちだして自己弁護すればよい。しかし、わしにとっては大問題だ。こういう大規模な災害は、人心の大いなる乱れによって起きるので、それを根本から無化していかねばならないのだ。

大地震や洪水のような大災害を未然に防止するには、『北極真経』だけでは足りない。三十六人の修方を集め、昼夜兼行で『午集正経《ごしゆうせいきよう》』を唱えなければばならないとされている。これは、九四〇ページにわたる非常に長いお経で、六日に分割して読むとしても毎日二時間を要する。日本人が読みやすいようにルビを振った『午集正経』を作ってみたが、肝心の参加者が足りないので困っている。この大岳山まで毎日登ってくる若者が欲しいのですがね」

この『午集正経』については、日中関係に絡む重大な逸話が残されている。それは昭和十一年七月七日のことだった。天津道院でのフーチで、「『午集正経』を昼夜兼行で読誦せよ」という壇訓が下った。理由は告げられなかった。ところが、意欲のある読み手が集まらず、結局ふだん読み慣れた『北極真経』でごまかしてしまった。

それからちょうど一年後の昭和十二年七月七日に日本軍と支那軍が衝突し不幸な長期戦に突入してしまったのである。あの壇訓は、日支事変を防止するために、降りてきたのであったかと関係者は気がついたが、後の祭りであった。

いうまでもなく、すべてのフーチが信用できるわけではない。フーチは、修行を積んだ徳の高いものが、纂方《さんぽう》となって杖を執らねばならない。いい加減な者が纂方となると、低級霊がかかりやすくなる。また、無心に杖を動かせばよいのであるが、慣れてくれば意識的に動かし文字を砂盤の上に書くことができるようになるという欠点もある。だから、本当に高級霊が降りてきたのか、審神《さにわ》が必要なのである。

笹目は、砂盤に降ろされた昔の託宣を調べなおしてみたが、そのなかで、忘れられないものがあった。

それは、昭和十年に重慶の南にある南寧の道院での出来事であった。フーチ壇に、将来「中

フーチに立ち会う笹目師

国の人口は十万六千人に減少する」という託宣が降りてきたのである。

皆はそれを見て眼を疑った。そのころすでに中国の人口は、約五億人いたからである。さらに、その理由を問うてみると、地球の地軸が移動し、極地の氷が解けること、そこへ何かが落下し、大爆発を起こし、地上は大洪水に見舞われるという状況が伝えられた。そんなことがありうるだろうかと、皆はいぶかった。

その壊滅的な破壊が起きるのはいつかと尋ねてみると、それは、中国の「赤化」と関係しているというフーチが現れた。「赤化の劫」は一時期とん挫するが、再びそれが盛り返し世界を覆う勢いになったとき、「掃滅《そうめつ》の劫」が人類を襲うとあったのである。


笹目老人は、サーヤさまと二人の護衛官に向かって解説した。

「皆さんも知っての通り、一九四九年に共産革命が起き中国が赤化したね。問題は、そのあと、大飢饉や文化大革命による混乱と沈滞の時期が続いた。

それが収まり、海外の支援を受けて中国が強大化したあと、内外に向けて武力と威嚇による覇権を張るようになるころだ。そのとき、人類を一掃するような「掃滅の劫」が地球を襲うと予言されている。

それが何を意味するのか、お若い皆さんはよく考えてほしい。核兵器の応酬が起きるのか、それとも巨大隕石が落下してくるのか。あるいは、世界的な疫病が発生して人口が激減するのかわからないが、中国の今後の動向には注意を払わねばならないね」

「一つのシナリオだけれど、共産革命によって中国人の心がすさみ、拝金主義、物質主義に傾き、祖霊や自然霊に対する崇敬を忘れる。そうしてモンゴルやチベットの草原を荒らし、山々の森林を伐採すると、大地の砂漠化が進み、大量の雨水を吸収できなくなるので下流域で大洪水が発生する、こうして食糧が不足し暴動が起きる、疫病も蔓延する。その不満を転嫁するため台湾などに侵略を開始する。そこで自由陣営と世界規模の戦争が生じ、核兵器の応酬が始まるのかもしれない……」

神人不二とは

「それは困りますね。拝金主義の奴隷となってしまった中国人民を共産主義のくびきから救いだすには、どうすればよいのでしょうか。共産党の私兵である人民解放軍から人民を解放する必要があると思うのですが……」

中共の現状を憂いていた河野護衛官が質問した。

「結局のところ、古来の道教や道院の考えを復興する以外にないと思うよ。中共は、自由な信仰と宗教を弾圧しているが、これでは民心は安定しない。かえって内部対立と混乱を引き起こすばかりだ。日本は経済援助で助けようとしているが、助けられた中国は今度は牙をむいて報復してくるかもしれない。そうならないように、人民の心の持ちようを調えていく必要があるね」

笹目翁はここぞとばかり、日ごろの信念を披露し始めた。ふだんは話相手がいないので、熱心に聞いてくれる若者が山小屋に来ると、つい舌が滑らかになる。

「抑留されたご経験から、ソ連に対しては、どういう風に対処すべきでしょうか」

再び、河野が尋ねた。

「ソ連に対しては、北方領土を返せというような狭い考えではいけない。ソ連は、小さい地域にこだわる日本をせせら笑っている。

ソ連に対しては、『ウラル山脈以東のシベリア全土を返せ、日本人を含むツングース族に返せ』と主張すべきだよ。シベリアは、かつてシャーマニズムが支配しており、シャーマンの託宣を聞いて行動する共通の文化があった。チンギスハーンもシャーマンを大事にしていた。それはいまも、潜在意識の中にしっかり残っている。わしは、モンゴルに行って、そのことがよくわかった。

戦後の日本人は、小さな島国に閉じこもる癖がついてしまったね。戦前のように大陸に雄飛せよとは言わないが、地球的な視野を失わないようにね。そして、海外に出かけたら、各地の伝統や信仰をよく研究してほしい。それは数百年単位でしか変わらないものだからね」

「笹目先生は、シベリアで様々な労働を体験されましたね。炭鉱掘りに始まり、大木の伐採、レンガ積み、薪割りなどご苦労されました。私の護衛の仕事も気の抜けない仕事ですが、どういう心構えで取り組めばよいでしょうか」

今度は、女性護衛官の山本が質問した。

「どんな仕事であっても、それになりきり、打ち込むことだね。そうすると、宇宙にみなぎっている霊気、先天の炁《き》がどっと流入してくる。ヨガでは、先天の炁のことをプラーナと呼んでいるのではないかな。山本君の護衛の仕事は楽ではないけれども、己を捨て、こだわりを捨てて、無心に打ち込むことだ。そこから自然と楽しみが生まれてくる。わしが、炭鉱掘りや薪割りを楽しんだようにね。

サーヤさまはまだ学生だから、日々の修行と心得て無心にひたすら学業に打ち込むことだね」

サーヤさまが、応えて言った。

「私は山歩きが好きで、山のほうが学校よりも落ち着くのです。静かな山の中で修行したいと思っているのですが、なかなか許してくれません」

「いや、それでいいのですよ。一日、一日の生活が修行の場なのです。娑婆の三日の生活は、山中の三年の修行に匹敵するから、山で修行する必要はないのですよ。わしのような偏屈を除いてネ」

のどが渇いてきた笹目老人は、野草茶をひと口飲んで言った。

「最後に皆さんにお伝えしておきたいのは、神人不二ということだ。若いころは、仙人にあこがれ、苦行を積んで悟りの境地に達することが、神人合一、神人不二ということだと思っていた。でも、この年になってやっとわかったよ。必ずしもそうではないということが」

笹目秀和翁は、勢いに乗って長広舌を始めた。若いころからの癖である。相手が静かに聞いてくれると、ますます一途《いちず》にのめりこんでいく性質《たち》であった。

「わしは白頭山のリョ神仙とコンロン山のシュロ神仙に出会ったが、いま思うと、それはわしを働かせるためだった、まだ、働きが足りないぞと毎日叱られているがね。でも、わしは、二人の神仙を得て、この道に入ることができた。皆さんはご存知かな。

『人は神々を得て働き、神々は人を得て動く』という言葉があるね。ところが、日常にかまけて、みな人の背後にいる神々の動きを忘れてしまう。神々との密接な関わりを一刻も忘れないでいることが、実は神人不二ということだとわかったのさ。

そのことを胸に秘めて、これからも平常心で静座と読経を続け、先天の炁《き》との一体化を心がけていく覚悟だ。それが伝統的な東洋の道だね。

わしも、いくばくか透視力がつき、竜神のお力で気象を左右することもできるようになったが、そうした超能力は、結果としてついてくるものであって、それを目的として修行すると邪道におちいる。

皆さんが下界に降りても、わしのことをときどき思い出してくれれば、わしはすっと皆さんのところへ飛んでいくから、困ったことが起きれば思い出しておくれ」

宮中の三人は、黙って笹目翁の話を聞いていた。ようやく日が沈み、山小屋に一陣の木枯らしが吹きつけ、建付けの悪い窓辺がガタピシと音を立てた。囲炉裏の火は燃え盛っていたが、冷たい十二月の夜気が背中に忍び寄ってきた。

そのとき、旧式の柱時計がボーン、ボーンと鈍い音を立てて、五時を打った。

「おや、しゃべりすぎたな。そろそろお帰りの時間だね。泊まって行かれてもよいが、無理にお引き止めするわけにはいかないな」

「下界には、下界のルールがありましてね。そろそろお暇《いとま》せねばなりません。なごりおしいですが、くれぐれもお体をいたわってくださいませ」

山本護衛官がそう言って立ち上がった。サーヤさまと河野護衛官もリュックをとって背負った。

三人は、サーヤさまを真ん中に、懐中電灯で足元を照らしながら帰り道を急いだ。平らな岩場に差しかかったとき、振り返って山小屋を眺めた。黒い屋根が、闇の中に溶け込もうとしていた。大岳山の木々も、ひとしなみに闇に呑み込まれようとしている。

（今度笹目仙人に会えるのは、いつの日になるだろう）

三人は、仙人の温顔を思い出しながら、北の夜空を仰いだ。
満天の星くずに囲まれた北斗七星がすぐ目に入ってきた。柄杓《ひしゃく》の先端にある二つの星を延長した先に、ひときわ北極星が輝いている。永遠の老祖さま、北極老人はあの星にお住まいなのであろうかと、サーヤさまは思った。と同時に、天地人の和合を祈る宮中の仕事が思い出された。

（今頃、陛下は、新年のおまつりに備えて準備なさっているに違いない。帰ったら、あすからお手伝いが始まる。北極星など宇宙の光の下で、四季が滞りなく巡り、収穫に恵まれ、人々が心身を調え、それぞれの仕事に打ち込めるようにと、陛下は日々祈っていらっしゃる。お手伝いする私どもも、星々から、神々からお力をいただきながら、無心になりきってこの地上で働いていこう）

皇女サーヤさまは、決意を胸に秘め、笹目翁の最後の言葉を反芻《はんすう》しながら、夜の山道を下りていった。
「人は神々を得て働き、神々は人を得て動く」――。

（完）

あとがき

ここに一枚の素人写真がある。（P1）日付は、九三・五・一三となっている。この日、大岳山を登拝された浩宮徳仁殿下が、山小屋のまえで笹目翁に出迎えられた写真である。笹目翁は皇太子を山荘に招きいれ、話し合ったようである。

皇太子にとって独身最後の登山であり、この時、皇太子は三十三歳、翁は九十一歳であった。どんな話を交わされたのか記録はないが、にこやかに話されている皇太子のお顔が印象的である。

この出会いから四年後の九七年一月二十五日に笹目翁は逝去した。尽くしても尽くしても裏切られ続けた笹目翁にとって、ご褒美のような記念すべき出会いであった。

「殿下、お久しゅうございます」

笹目翁が皇太子殿下を出迎えた際に発した言葉であったという。お二人は、前世で何か深いつながりがあったのであろうか。

この出会いにヒントを得て、この物語の構想が生まれた。

満蒙とシベリアにおける笹目秀和師の過酷な体験は、主として『神仙の寵児』と『モンゴル神仙邂逅記』によった。三十数年まえ、私は師の著書を読んで触発され、何度か山に登り、笹目翁から話を聞いた。師の手形を押した大きな扇子をいただいたこともある。台湾道院を訪れ、フーチにおいて「岳深」という道名を賜り、書画壇において「果実多々」と記された書画を拝受したこともある。

ところがその後、世俗の塵にまみれ、いつしか山から遠ざかっていった。

歳を重ねた今、少し余裕が生まれ、昔の思い出をたどりながら、この本を書き進めることができた。忘れられた賢者をひろく日本社会に知ってもらいたいとの思いが、私の遅い筆を促してくれた。

しかし、この本では笹目翁のごく一面しか描けていない。翁の裏の顔、多面にわたる怪物のような帰国後の活躍については、確かな資料がなく、私の手に余った。

大岳山荘には、政界や財界からよく電話がかかっていたという。中曽根総理、五島昇、瀬島龍三、今里広記などの電話を取り次いだ弟子たちがそう語っている。都知事や宮内庁、モンゴル政府からも時折り連絡が入っていた。

笹目翁は折に触れて、大岳山の多摩道院に

講演する笹目秀和師

笹目翁の手形を押した扇子、「誠機」の揮毫

宗教指導者を呼んで会議を開いていた。生長の家の谷口雅春、世界救世教の岡田茂吉、白光真宏会の五井昌久らが喜んで参集していた。何を議論したのか不明であるが、おそらく日本の精神界の実状を憂えての会議であったものと思われる。

笹目翁は、異常な気象を発生させたり、消したりすることもできたようだ。弟子の証言によると、『孔雀明王経』の竜神の名前を符に書いて燃やし竜神たちを召喚する行事をひそかに行っていたようだ。

かと思うと、どこからか資金を調達してきて、ヘリコプターの基地を山小屋のそばに建設し、台湾道院から招いた人たちをヘリで運んでいた。招財の神や竜神を動かし、そればかりでなく、政財界の大物たちも裏から動かしていたようだが、その詳細は杳《よう》としてつかめない。

笹目翁の都下の自宅は目白の高級住宅地にあった。田中角栄は、どうした縁かその隣に引っ越してきた。自宅には、奥さんが一人住んでいたが、ほとんど別居生活であった。戦前に二人の娘が生まれたが、夭折したという。仙人には、家庭の団欒の楽しみは与えられないのであろうか。

令和二年十月四日に、多摩道院開設三十六周年の記念祭が行われた。翁は、三十六人の熱心な道士を育てたいと願っていたが、それは果たせなかった。その代わり、三十六年間も道院を守ってきた熱心な修方たちが九人ほど残っていたことに私は驚いた。とっくの昔に、大岳山荘は朽ち果てたものと思っていたのだが、若干の修方たちがしっかり維持し、笹目翁の遺志を受け継いでいたのであった。

言うまでもないが、われらの一生は、長いようで短い。神仙の世界から見ると、瞬《まばた》きするほどの一瞬であろう。一瞬であるからこそ、われらは永遠なるものにあこがれる。姿を変えない静かな山々に登り、鎮座するイワクラに出会い、願わくばそこに住む仙人たちに巡り合いたいと望んでいる。

日本人は山登りが好きなようである。近場に手頃な高さの山々があり、眺めるたびに何かしら引き寄せられるものを感じる。サーヤさまもその一人であった。

（短い一生ながら、われらを働かせている神々はどなたであろうか。われらの働きを通じて神々は何をどう動かそうとしているのであろうか）

神々とのかかわりを忘れず、日々の生活を清め、仕事に打ち込んでいくこと――それが平凡なわれらにとって、とりもなおさず、「神人不二」ということではないだろうか。

われらもサーヤさまにならって、人生という山を上り下りしながら反芻していきたいと思う。

「人は神々を得て働き、神々は人を得て動く」と。

令和三年二月吉日　岳深・宮﨑貞行

笹目秀和師年譜

１９０２年１月30日　笹目恒雄として茨城県水戸にて誕生、旧制中学卒業後、中央大学法学部入学、東京帝大哲学専科聴講生となる。
１９２４年　モンゴル・バルチョン親王家の養子となる。
１９２６年　東京駒場にモンゴル青年教育道場（戴天義塾）を設立
１９２８年　モンゴル・チャムスルン財団を結成し、北京に満蒙義塾を設立
１９２９年　第一次東瀛佈道団が来日。大本亀岡で、フーチの壇に臨んだ際、「賜秀和」と記された書画を賜わり、秀和が道名となる。
１９３３年　蒙彊自治政府徳王の私設顧問となる。
１９３４年　チベットのパンチェン・ラマよりラマ教教学博士（ホビルガン）の称号を授与される。
１９３５年　出口王仁三郎師の依頼により、大本のご神体をコンロン山頂に奉納する。
１９３７年　パンチェン・ラマの委嘱により、満州熱河離宮のザシリング廟の復古を図る。

１９４５年　終戦後、シベリア強制収容所へ連行。ソ連収容所群を引き回される。
１９５６年　厳寒のもと過酷な労働を強いられた11年４か月のシベリア抑留から帰国。
　　　　　　余生は道院に捧げる決意をする。
１９７３年　東京総院を離れ、大岳山に隠棲
１９７８年　山小屋に修道をめざす青年たちが集まる
１９８４年　多摩道院の名称を認可され、統掌となる
１９８７年　多摩道院に六院の神位がそろい、建築群も完成して、開幕式典を行う。
　　　　　　この時、ヘリで人員輸送し、国内外から１１４名が参加、真経を大合唱する
１９９０年　佈道団が60年ぶりに来日。多摩道院は、多摩主院に昇格。
１９９３年　皇太子浩宮殿下が大岳山登山（二回目）
１９９５年　福生道院が開幕
１９９７年１月25日　笹目秀和師帰道。「道誠真人」の称号を賜わる
２０１３年　夏八木暉因統掌が帰道。
２０２０年　多摩道院が36周年を迎える

主要参考文献

『神仙の寵児』笹目秀和、山雅房、一九七六年
『済佛伝』笹目秀和、大多摩出版、一九八五年
『モンゴル神仙邂逅記』笹目秀和、徳間書店、一九九一年
『光は東方より』笹目秀和、ノーバス、一九九五年
『ストップ・ザ富士大爆発』笹目秀和、大多摩出版、一九八三年
『多摩の礎・静座入門編』笹目秀和、多摩道院
『修座須知』笹目秀和、多摩道院
『同行万人・修道の栞』朱印川、東京多摩道院、一九九〇年
『尋賢　林出先生を想う』笹目秀和、月刊日本卍、一九七〇年十二月
「赤露に叛旗を翻さんとする外蒙古を探るの記」笹目恒雄、『実業時代』、一九二八年、一月号
「コロムバイルの内情」笹目恒雄、行地社『月刊日本』一九二八年、一一月号
「神秘境蒙古の話」笹目恒雄、朝鮮公論社、『朝鮮公論』、一九三七年、八月号

「ラマ僧に扮し西北支那の秘境を行く」笹目恒雄、文芸春秋社、『話』一九三九年、一月号
『チベット潜行十年』木村肥佐生、中央公論社、一九八二年
『秘境聖域八年の潜行』西川一三、芙蓉書房、一九七二年
『満蒙の独立と世界紅卍字会の活動』内田良平、先進社、一九三一年
『道院と世界紅卍会』遠藤秀造、東亜研究会、一九三七年
『世界紅卍会道院の実態』興亜宗教教会、一九四一年
『道院紅卍字会の歴史』東京総院道慈宣闡委員会、日本紅卍字会、一九七九年
『虹の彼方の神秘家たち』星文訓、柏樹社、一九九〇年
『信仰覚書』出口日出麿、天声社、一九六一年
『生きがいの探求』出口日出麿、天声社、一九九六年
『幾山河』瀬島龍三、産経新聞社、一九九六年
『極限メシ』西牟田靖、ポプラ社、二〇一九年
『富士山大爆発』相楽正俊、徳間書店、一九八二年
『日中戦争期アヘン政策』倉橋正直、史学会、『史学雑誌』、一九八六年
『日本「黒幕」列伝』宝島社、二〇〇五年

宮崎貞行　みやざき さだゆき
昭和二十年伊予の国生まれ。東京大学、コーネル経営大学院卒。官庁と大学に奉職したあと、現在は、見える世界と見えない世界をつなぐ物語を綴っている。稜威会同人、検証ホツマツタヱ誌同人、議員立法支援センター代表。
近著に、『宇宙の大道を歩む―川面凡児とその時代』（東京図書出版）、『天皇の国師―知られざる賢人三上照夫の真実』（学研プラス）、『寄りそう皇后美智子さま　皇室の喜びと哀しみと』（きれい・ねっと）、『天皇防護 小泉太志命（こいずみたいしめい）祓い太刀 の世界』（ヒカルランド）、『松下松蔵と「宇宙の大気（だいき）」』（ヒカルランド）、『失われた奥義 縄文古道のよみがえり オモイカネの謎を追って突き止めた《ヒソギとミソギと日月の秘儀》』（ヒカルランド）、『アワ歌で元気になる 驚きのコトタマパワー』（文芸社）、訳書に『ホツマ・カタカムナ・先代旧事本紀 古史古伝で解く「太古日本の聖なる科学」』（ヒカルランド）などがある。

日本のカルマを背負った男
「笹目秀和」と二人の神仙
この大神業がなければ今の日本も世界も無かった！

第一刷　２０２１年２月28日

著者　宮﨑貞行

発行人　石井健資
発行所　株式会社ヒカルランド
〒１６２-０８２１ 東京都新宿区津久戸町３-11 ＴＨ１ビル６Ｆ
電話　０３-６２６５-０８５２　ファックス　０３-６２６５-０８５３
http://www.hikaruland.co.jp　info@hikaruland.co.jp
振替　００１８０-８-４９６５８７

本文・カバー・製本　中央精版印刷株式会社
ＤＴＰ　株式会社キャップス
編集担当　高島敏子

ISBN978-4-86471-973-5

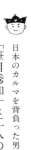

◎選べる２つのタイプ

バンブーには基本性能に絞り、あらかじめプリセットされた12の音源のみが利用可能なベーシックに加え、128の楽器リストから音源をセレクトできるなど、プロ音楽家の方にもご満足いただける多機能搭載型のバンブー・Ｍもご用意しました。

●バンブー・Ｍで使える機能

楽　器	128の楽器リストから音源をセレクト
音　階	12音
音／秒	１秒に0.5から３音をセレクト
和　音	短音、３音、３和音をセレクト
基本周波数	440Hz、432Hz、426.7Hzの３種類
プロファイルを保存	変更した設定を保管
MIDI	別売の専用ケーブルで MIDI 機器に接続

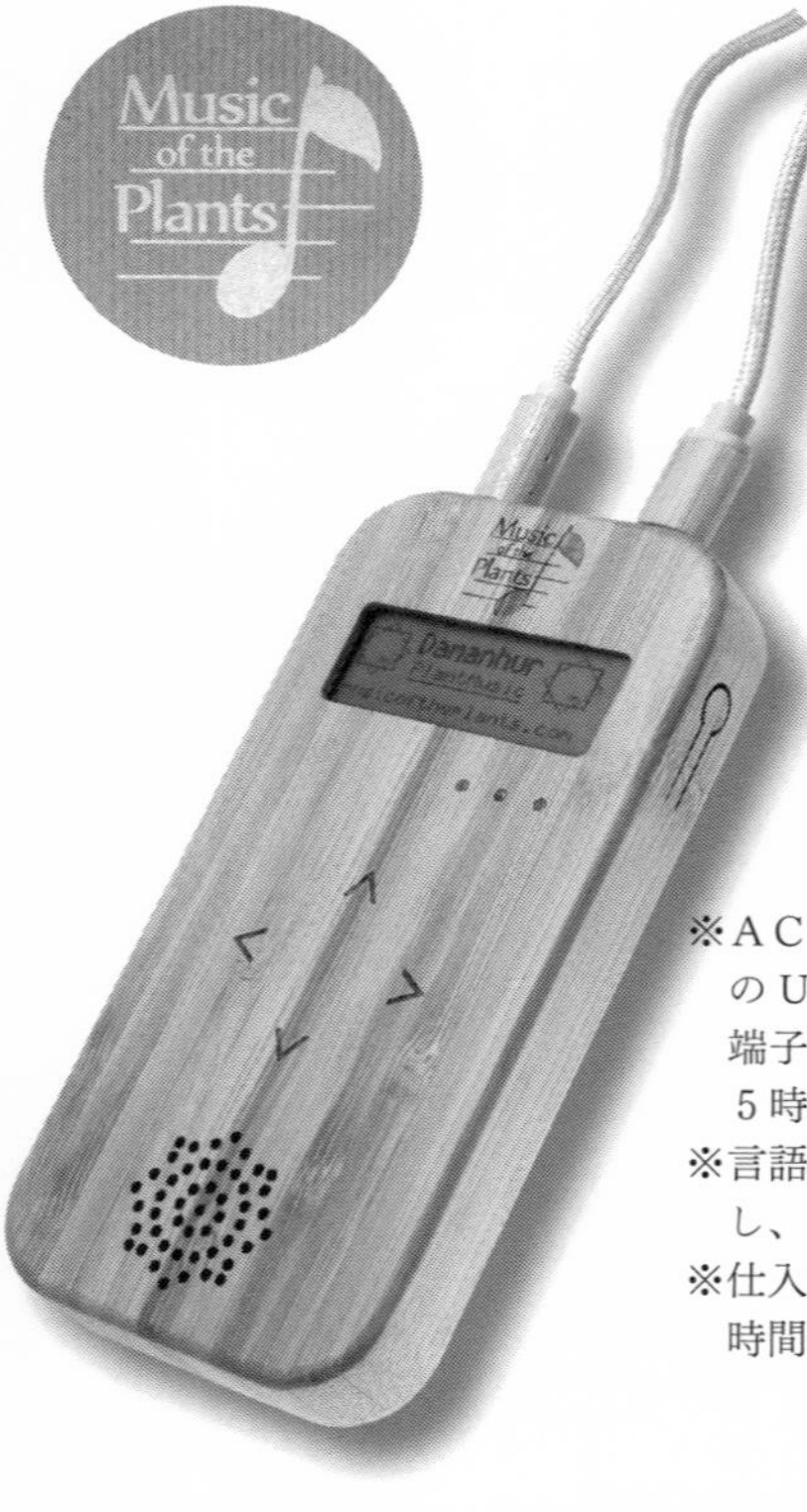

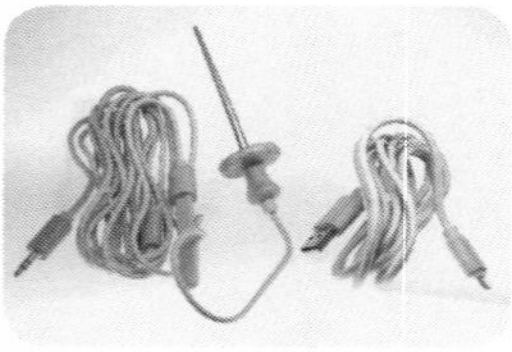

バンブー（BAMBOO）
■バンブー・ベーシック　66,815円
（税・送料込）
■バンブー・Ｍ　73,333円
（税・送料込）

●付属品：植物コネクトケーブル１本、マイクロ USB ケーブル１本

※ＡＣアダプタは付属していませんが、お手元の USB－AC アダプタや、パソコンの USB 端子で充電できます。１回のフル充電で４～５時間の利用が可能です。
※言語表示に日本語はありません。英語を選択し、同封の日本語の説明書をご参照ください。
※仕入元からの直送となり、商品の到着までお時間をいただく場合があります。

ヒカルランドパーク取扱い商品に関するお問い合わせ等は
メール：info@hikarulandpark.jp　　URL：http://www.hikaruland.co.jp/
03-5225-2671（平日10-17時）

＊ご案内の価格、その他情報は発行日時点のものとなります。

ソマチッドのパワーを凝縮！

ハイパフォーマンスエッセンス

■ 33,000円（税込）

●内容量：30mℓ　●成分：希少鉱石パウダー　●使用方法：スポイトで直接垂らす。もしくはスプレーボトルを用意し、お好みの量をお水で希釈してお使いください。

ナノコロイドシリカ濃縮溶液に浸けたソマチッド鉱石そのものを製品化しました。人体はもちろん生活用品など、あらゆるものの周波数を整えてソマチッド化し、電磁波などのマイナスな影響を緩和することができます。

古代の眠りから蘇ったエネルギー

ソーマ∞エナジー

■ 33,000円（税込）

●内容量：100g　●成分：希少鉱石パウダー　●使用方法：お水に溶かして泥状にしてお使いください。

選りすぐりのソマチッド含有鉱石をブレンドした粉末は、水で溶かし泥状にすることで用途が広がります。ソマチッドパックとしてお肌に、入浴剤としてお風呂に♨。お皿に盛ってラップで包みその上に野菜を載せれば農薬浄化も！

繰り返し使えるホルミシスミスト

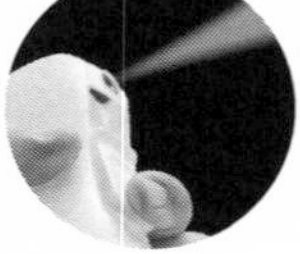

ハイパフォーマンスイオンミスト

■ 11,000円（税込）

●内容量：150mℓ　●成分：水、鉱石パウダー　●使用方法：体に噴霧して疲労や痛みのケアに、空間に噴霧して静電気除去など居住空間の浄化に。

特殊フィルムによりラジウムイオンを発生。ソマチッド、シリカ、ホルミシスのトリプル相乗効果により、スキンケアのほかルームスプレーとしてお部屋をイヤシロチにできます。使い切った後もお水を入れることでホルミシスミストとして継続利用できます。

ヒカルランドパーク取扱い商品に関するお問い合わせ等は
メール：info@hikarulandpark.jp　URL：http://www.hikaruland.co.jp/
03-5225-2671（平日10-17時）

＊ご案内の価格、その他情報は発行日時点のものとなります。

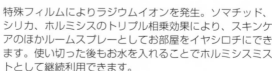

ソマチッドにフォーカスした唯一無二のアイテム
コンディション&パフォーマンスアップに

勢能幸太郎氏

ソマチッドをテーマにした書籍を多数出版し、いち早く注目してきたヒカルランドに衝撃が走ったのは2020年のこと。そのソマチッドが前例のないレベルで大量かつ活発な状態で含有したアイテムが続々と登場したのです！　開発者は独自理論による施術が話題のセラピスト・施術家の勢能幸太郎氏。勢能氏は長年の研究の末、膨大なソマチッド含有量を誇る鉱石との出会いを果たし、奇想天外な商品を次々と生み出しました。ソマチッドとは私たちの血液の中に無数に存在するナノサイズの超微小生命体。数を増やし活性化させるほど、恒常性維持機能や免疫系、エネルギー産生などに働き、健やかで元気な状態へと導いてくれます。他ではまねできない勢能氏のアイテムを活用して、生命の根幹であるソマチッドにエネルギーを与え、毎日のパフォーマンスをアップしていきましょう！

ソマチッドを蘇生させ潤いのあるお肌へ

CBD エナジークリーム

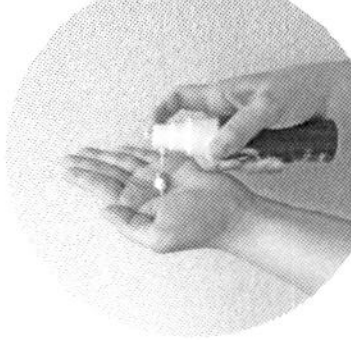

■ 33,000円（税込）
●内容量：30㎖
●成分：水、BG、パルミチン酸エチルヘキシル、トリ（カプリル／カプリン酸）グリセリル、グリセリン、火成岩、ミネラルオイル、オリーブ油、ベヘニルアルコール、ホホバ種子油、スクワラン、ペンチレングリコール、ステアリン酸ソルビタン、白金、カンナビジオール、シリカ、冬虫夏草エキス、アラントイン、ポリソルベート60、カルボマー、水酸化 K、フェノキシエタノール、デヒドロ酢酸 Na、メチルパラベン
●使用方法：適量を手に取り、トリガーポイントや不調・疲労を感じているところなどになじませてください。

勢能氏が最初に開発したソマチッドクリームには、ホメオスタシスの機能を高める麻成分 CBD ほか、たくさんの有効成分を配合。クリーム内のソマチッドと体内のソマチッドが共振共鳴し合い、経絡を伝わって体全体を活性化します。

ヒカルランド　好評既刊!

地上の星☆ヒカルランド　銀河より届く愛と叡智の宅配便

失われた奥義 縄文古道の よみがえり
オモイカネの謎を追って突き止めた《ヒソギとミソギと日月の秘儀》
著者：宮崎貞行
四六ソフト　本体 2,000円+税

【新装版】
ワカヒメさまの「超」復活!
著者：SUMIKO!／アマノコトネ／宮﨑貞行
四六ハード　本体 2,000円+税

カタカムナの使い手になる
《宇宙・本質・直感》これがカタカムナの生き方
著者：芳賀俊一
四六ソフト　本体 1,759円+税

神代文字はこうして余剰次元をひらく
ミスマルノタマ　治癒の球体オーブ発現の瞬間へ
著者：丸山修寛／片野貴夫
四六ハード　本体 1,815円+税

神代文字とインナーチャイルド
【新たなる治癒の宇宙へ】
著者：丸山修寛／片野貴夫
四六ハード　本体 1,815円+税

コトタマとヲシテ48音の使い手になる
ホツマあわのうたカード96プレミアム
著者：一般社団法人あわのうた普及協会／SUMIKO!
本体 6,389円+税